D1872325

GÜTERSLOHER
VERLAGSHAUS

Gütersloher Verlagshaus. Dem Leben vertrauen

kindergottesdienst praktisch 2011

Mit Kindern Glauben feiern und verstehen

Herausgegeben von Urd Rust

unter Mitarbeit von Susanne Betz, Doris und
Karl-Heinz Dirwald, Gudrun Luise Helm,
Uwe Huchthausen, Beate-Michaela Jöst, Ulrike Lenz,
Kathrin Lichtenberger, Brigitte Messerschmidt,
Gottfried Mohr, Julia und Ralf Neuschwander,
Kerstin Othmer-Haake, Andrea Petritsch,
Anke Schäfer, Jutta Schitter, Dirk Schliephake,
Martin Schoch und Christine Wolf

Gütersloher Verlagshaus

Bibliografische Information der Deutschen Nationalbibliothek
Die Deutsche Nationalbibliothek verzeichnet diese Publikation in der Deutschen Nationalbibliografie; detaillierte bibliografische Daten sind im Internet über http://dnb.d-nb.de abrufbar.

1. Auflage

Umschlaggestaltung: Init GmbH, Bielefeld, unter Verwendung
des Bildes von Julius Wolski,
3. Klasse, Grundschule Dannenfels/Donnersbergkreis
Satz: Buch-Werkstatt GmbH, Bad Aibling
Druck und Einband: Těšínská Tiskárna AG, Český Těšín
Printed in Czech Republic
ISBN 978-3-579-05474-2

www.gtvh.de

Inhaltsübersicht 2011

Folgende Liederbücher finden im Rahmen der Kindergottesdienstarbeit immer wieder Verwendung. Auf sie wird innerhalb einzelner Beiträge hingewiesen:

Vom Leben singen	Arbeitskreis Kirchenmusik und Jugendseelsorge im Bistum Limburg, München.
EG RWL/West	Evangelisches Gesangbuch, Ausgabe Rheinland, Westfalen, Lippe.
EG Baden-Pfalz	Evangelisches Gesangbuch, Ausgabe Baden, Elsass, Lothringen, Pfalz.
Das Kindergesangbuch	Andreas Ebert u.a. (Hg.): Das Kindergesangbuch, 8. Aufl., München 2006.

vorwort

Liebe Mitarbeitende in der Kirche mit Kindern,

nun halten Sie nach dem Wechsel der Herausgeberschaft schon den zweiten Band von *Kigo-praktisch* in der Hand. Nach den Erfahrungen mit dem ersten Band in meiner Verantwortung haben wir bei der Gesamttagung in Erfurt im Oktober 2009 den Kontakt mit den Menschen gesucht, die *Kigo-praktisch* nutzen und dabei erfreuliches Echo bekommen. Im großen Ganzen ist ein Konzept gewünscht, das schwerpunktmäßig die kreative Ausgestaltung der Liturgie und der Verkündigung im Blick hat und viele praktische Vorschläge bietet. Etwa gleich ist die Zahl der NutzerInnen des Buches für wöchentliche Gottesdienste wie für andere Modelle, vor allem monatliche Kindergottesdienste. Besonders werden kurze und deutliche Einführungen zu den Einheiten und den verschiedenen Materialien gewünscht. Eine größere Vielfalt der kreativen liturgischen Bausteine sowie geeignete Bausteine für zeitlich längere Gottesdienstmodelle standen auch noch auf der Wunschliste der Menschen, die mit *Kigo-praktisch* gerne arbeiten.
Und so sind wir miteinander mit einem neuen Band von *Kigo-praktisch* wieder ein Stück auf dem Weg zu kreativen Kindergottesdiensten. Um einen »roten Faden« in der Grundidee zur Gestaltung haben wir uns bemüht. Die Bausteine sind vielfältig und bunt. Auf den Wunsch, ab und zu einen geeigneten Kinderbibeltext vorzuschlagen, haben wir genauso reagiert wie auf die sinn(en)volle Anfrage, ob nicht auch passend zu Text und Thema ein Imbiss-Vorschlag angebracht sei. Es gibt noch einige Ideen, die Seiten benutzerfreundlicher zu gestalten. Aber das braucht Zeit.

In diesem Band fallen die erlebnisorientierten Einheiten zur Nehemia-Geschichte auf, die Gudrun-Luise Helm konzipiert hat und die Lust machen zu Spiel und Feier. Für Freunde und Freundinnen der Musik von Johann Sebastian Bach hat sich Jutta Schitter viel Musikalisches in der Einheit »Begegnungen mit Jesus verändern das Leben« einfallen lassen. Auch die beiden Ostergeschichten wollen erlebt werden auf dem Friedhof am Ostermorgen und in einem Stationenweg, so wie Dirk Schliephake sie in seinem Vorschlag ausgestaltet hat. Zum Advent lässt uns Kerstin Othmer-Haake teilhaben an ihrer Entdeckung, was Maria und die Lutherrose verbindet.

Besonders danken möchte ich den Autorinnen und Autoren. An ihren reichen Erfahrungen lassen sie uns teilhaben, erarbeiten durchdachte und erprobte Modelle und nehmen sich die Zeit zur Dokumentation – das ist nicht selbstverständlich.

Nun wünsche ich Ihnen allen eine spannende Lektüre, kreative Vorbereitungstreffen und gesegnetes Feiern im Kindergottesdienst,

Ihre
Urd Rust, Herausgeberin

Gottes Traum vom Leben

02.01.2011
(2. Sonntag nach Weihnachten)
Die geschenkte Freiheit
(2 Mose 20,2/3 Mose 19,1+2)

06.01./09.01.2011
(Epiphanias/1. Sonntag nach Epiphanias)
Der Hüter der Freiheit
(2 Mose 20,3–12)

16.01.2011
(2. Sonntag nach Epiphanias)
Freiheit zum Leben
(2 Mose 20,13–17)

23.01.2011
(3. Sonntag nach Epiphanias)
Befreit zum L(i)eben
(3 Mose 19,18/5 Mose 6,5/ 5 Mose 32,46+47)

»Ich bin der HERR, dein Gott, der ich dich aus Ägyptenland, aus der Knechtschaft, geführt habe.« Gott befreit sein Volk aus der Sklaverei. Aus Sklaven werden wieder freie Menschen, die tun und lassen können, was sie möchten. Doch so ist es nicht ganz. Gott möchte, dass sein Volk anders als andere zusammen lebt und miteinander umgeht: »Ihr sollt heilig sein.« Darum gibt er seinem Volk die zehn Gebote. Auf den ersten Blick wird die eben gewonnene Freiheit eingeschränkt. Der Mensch soll nicht ... Auf den zweiten Blick werden die Israeliten zu einem gottgemäßen Leben befreit. Mit Hilfe der zehn Gebote können sie erkennen, was in Gottes Augen gut und richtig ist. Sie sind frei zu ... Sie brauchen keinen anderen Gott mehr anzubeten, den Namen Gottes nicht mehr zu missbrauchen. Sie dürfen den Feiertag halten und ihre Eltern ehren. Sie brauchen nicht zu töten, nicht mehr die Ehe zu brechen, nicht mehr zu stehlen. Sie brauchen kein falsches Zeugnis mehr abzulegen, nicht mehr begehren, was ihren Mitmenschen gehört. Menschen, die zu Gott gehören, sind dazu frei, Gott und die Mitmenschen zu lieben.

Die Kinder sollen die zehn Gebote positiv als gute Regeln kennen lernen, die ihnen helfen, gut mit Gott und den Menschen zu leben. Die Reihe ist für eine monatlich stattfindende Kinderkirche (Zeitrahmen: ca. drei Stunden) konzipiert. Die unter »Kreative Ideen« beschriebenen Bausteine bauen direkt aufeinander auf, können aber genauso getrennt voneinander im sonntäglichen Kindergottesdienst genutzt werden.

Liturgische Gestaltung

Zusammenkommen – sich Gott zuwenden

Psalmgebet nach Psalm 40,9–12 mit gemeinsam gesprochenem Kehrvers.
In den höchsten Tönen, rede ich von Gott.
Kehrvers: Wer will mir das verbieten?

Mein Gott, was Du willst, das tue ich gern.
Deine Gebote sind mir ins Herz geschrieben.
Sie ordnen und regeln mein Leben.
Kehrvers
Alle sollen von mir hören:
Wer Dir vertraut, sieht,
was gerecht, heilsam und wahr ist.
Kehrvers
Alle sollen erfahren:
Du bist barmherzig und gütig.
Du bist bei mir in guten und schlechten Tagen.
Kehrvers
Mein Gott, Dich will ich von ganzem Herzen lieben,
und den anderen achten wie mich selbst.
Mit Dir wird das Leben gelingen.
Kehrvers
Amen.

Ewald Schulz, aus: Dir kann ich alles sagen, Gott, hg. Rheinischer Verband für Kindergottesdienst, Wuppertal 2007.

Kurzgeschichte

Das Leben der Kinder ist durch unzählige Gebote und Verbote geregelt. Viele davon sind sinnvoll, andere sind bei näherer Betrachtung sinnlos und machen das Leben der Kinder unfrei. Ganz ohne Regeln würde das Leben aber nicht funktionieren. Der Handpuppendialog nimmt diese Problematik auf und führt zur biblischen Geschichte: 2 Mose 20 hin.

Handpuppendialog mit zwei menschlichen Puppen (Junge [**J**], Mädchen [**M**])

J: Rasen betreten verboten!
M: Sei höflich!
J: Spielen verboten!
M: Gib das schöne Händchen!

Foto: Urd Rust

J: Kaugummi kauen verboten!
M: Den Großen musst du alles glauben!
J: Reden verboten!
M: Streite dich nicht!
J: Für Kinder unter 14 Jahren verboten!
M: Du sollst mit deinen Geschwistern teilen!
J: Fußballspielen im Hausflur verboten!
M: Vertragt euch miteinander!
J: Handy in der Schule verboten!
M: Mach immer Hausaufgaben!
J: Steh pünktlich auf!
M: Lass alte Leute im Bus sitzen!
J: Immer ist was verboten. Immer darf ich was nicht. Immer soll und muss ich irgendwas.
M: Genau, Mama und Papa sagen: »Sei höflich zu Frau Müller!« Dabei schimpft die immer, wenn wir mal im Treppenhaus lachen.
J: Und letztens hat der Sohn vom Hausmeister im Hausflur Fußball gespielt und sein Vater hat's ihm nicht verboten.
M: Regeln sind schon manchmal doof!
J: Mir hängen all diese Verbote und Gebote zum Hals raus! Weißt du was?
M: Was?
J: Ich mach da nicht mehr mit. Ab morgen mach ich, was ich will.
M: Wie das?
J: Na, dann zählen all diese blöden Regeln nicht mehr für mich. Dann betrete ich den Rasen, komme mit Absicht zu spät, kaue in der Schule Kaugummi, telefoniere in der Pause mit dem Handy. Das wird richtig gut!
M: Dann gehst du also ab morgen bei Rot über die Straße?
J: Ich bin doch nicht lebensmüde.
M: Aber du hast doch gerade selbst gesagt, dass du dich ab morgen nicht mehr an Verbote und so hältst.
J: Bei Rot über die Ampel gehe ich trotzdem nicht. Das ist doch eine gute Regel, erst bei Grün über die Straße zu gehen.
M: Und es ist auch eine gute Regel, sich nach einem Streit wieder miteinander zu vertragen oder alte Menschen im Bus sitzen zu lassen.
J: Du hast Recht! Es gibt auch sinnvolle Regeln, die es uns erleichtern gut miteinander zu leben, wenn wir uns an sie halten.
M: Es gibt sogar Regeln, die unser Leben schützen.
J: Wie z. B. die Regel: Bei Rot bleibe stehn, bei Grün darfst du gehn.

M: Oder, du sollst nicht töten, nicht stehlen, nicht lügen.
J: Nicht lügen, nicht töten, nicht stehlen! Das steht doch schon in der Bibel.
M: Genau, nachdem Gott das Volk Israel aus der Knechtschaft befreit hatte, gab er ihm am Berg Sinai die zehn Gebote.
J: Aber was haben Gebote mit Freiheit zu tun? Das passt doch gar nicht zusammen.
M: Bestimmt bekommen wir es zusammen heraus!

Anke Schäfer

Nach dem Handpuppendialog erzähle ich die biblische Geschichte. Den ersten Schwerpunkt der Erzählung lege ich auf die Befreiung des Volkes Israel aus Ägypten. 2 Mose 20,2: »Ich bin der HERR, dein Gott, der ich dich aus Ägyptenland, aus der Knechtschaft, geführt habe.« muss für die Kinder mit Inhalt gefüllt werden.
Den zweiten Schwerpunkt der Erzählung lege ich auf die Verkündigung der 10 Gebote am Berg Sinai. Dabei beantworte ich auch die Frage aus dem Handpuppendialog: »Aber was haben Gebote mit Freiheit zu tun?«. Während der Erzählung dürfen die Kinder die Gebote nennen, die sie kennen. Ich ergänze die fehlenden.

Kreative Ideen

Die verschiedenen Bausteine regen die Kinder an, sich intensiv mit dem Inhalt der einzelnen Gebote zu beschäftigen und mit ihrer eigenen Lebenswelt in Verbindung zu bringen. Bei dieser Beschäftigung mit den Geboten sollen die Kinder erkennen, dass die zehn Gebote Regeln sind, die sie frei machen, sich Gott und den Mitmenschen zuzuwenden.
Durch Baustein 3 verinnerlichen die Kinder spielerisch die zehn Gebote. Darüber hinaus besteht die Chance, dass die zehn Gebote durch das Spiel mit Eltern und Geschwistern zum Gesprächsstoff in den Familien werden.

Baustein 1

Nachdem die Kinder den zehn Geboten in der Geschichte begegnet sind, werden sie ihnen jetzt bildlich vor Augen geführt. Dazu werden die unten abgedruckten Comicszenen zu den zehn Geboten von Tiki Küstenmacher vergrößert, einzeln auf Folie gezogen und mit Hilfe eines Overheadprojektors den Kindern gezeigt. Die Kinder benennen das Gebot, das jeweils auf dem Bild dargestellt ist. Sie überlegen, was das einzelne Gebot für das eigene Leben und das Leben der Menschen bedeutet. Sie erzählen ihre persönlichen Erfahrungen mit den einzelnen Geboten.

Baustein 2

Viele Kinder kennen die zehn Gebote im Wortlaut der Lutherbibel. Sie werden aufgefordert sich zu überlegen, wie die zehn Gebote für Menschen von heute leichter verständlich werden. Ein Plakat wird vorbereitet, auf dem oben 2 Mose 20,2 geschrieben steht. Die Kinder »übersetzen« die 10 Gebote in die eigene Lebenswelt. Beispiel: »Du sollst nicht stehlen!« bedeutet: »Ich darf meine Mitschüler nicht abzocken.« oder »Nicht während der Mathearbeit abschreiben!« Sie schreiben ihre »Übersetzungen« auf das Plakat.

Baustein 3 / Spiel: Gebote – Trimemory

Jedes Kind bastelt ein Trimemory-Spiel. Das Besondere an dieser Memory-Variante ist, dass nicht zwei, sondern drei Karten gefunden werden müssen, die zusammengehören.

Bastelanleitung:
Material pro Kind:
30 Blanko – Memorykarten (Größe: 6 x 6 cm, starker Karton)
1 Kopie der Comicszenen:

Werner »Tiki« Küstenmacher, aus: Wo ist der verlorene Sohn, © Claudius Verlag, München, S. 18f.

LiturgIn: Wer hilft mir, wenn ich es allein nicht schaffe?
Wer hilft mir, wenn ich Mauern um mich herum sehe?
Alle: Gott, gut, dass Du da bist, Du stehst uns zur Seite.

LiturgIn: Wer hilft mir, wenn ich mich ausgenutzt fühle?
Wer hilft mir, wenn ich Grenzen setzen muss?
Alle: Gott, gut, dass Du da bist, Du stehst uns zur Seite.

LiturgIn: Wer hilft mir, wenn ich mir nichts zutraue?
Wer hilft mir, wenn ich Gerechtigkeit haben möchte?
Alle: Gott, gut, dass Du da bist, Du stehst mir zur Seite.

LiturgIn: Gott, Du behütest mich vor allem Bösen,
Du behütest meine Seele,
Du behütest mich, wenn ich gehe,
wenn ich schlafe – jetzt und immer.

Sendung – Segen

Wir bitten Gott mit Worten und Gesten um seinen Segen:

Guter Gott, schenke uns Deinen Segen. Sei bei jedem von uns, wenn wir nun unsere Wege gehen.	*Alle fassen sich an den Händen und bilden einen Kreis.*
Lass Deinen Segen bei uns sein wie ein verbindendes Band.	*Alle legen ihre Hände auf die Schultern der Kinder rechts und links.*
Sei bei uns und bei allem, was wir tun. Amen.	*Wir drücken die Hände der Kinder rechts und links.*

Kurzgeschichte

Die drei Fragen

Ein König dachte einmal, dass ihm nichts misslingen könnte, wenn ihm nur der richtige Augenblick bekannt sei, in dem er mit etwas beginnen solle. Auch müsse er immer wissen, mit welchen Menschen er sich einlassen solle oder auch welches das wichtigste Werk sei. Deshalb rief er alle Gelehrten seines Königreiches zusammen und fragte sie um Rat. Doch von jedem bekam er eine andere Antwort. Außerdem gefiel ihm keine der Antworten so richtig. Da hörte er von einem klugen Mann, der als Einsiedler mitten im Wald lebte. Man sagte, dass er nie seine Hütte und sein Gärtchen verlassen und auch nur ganz einfache Leute empfangen würde. Also musste der König wohl selbst zu ihm gehen. Er zog sich schlichte Kleider an und ging ohne seinen Hofstaat in den Wald.
Als der König sich näherte, bearbeitete der Einsiedler gerade eines der Gemüsebeete vor seiner Hütte. Er blickte kurz auf, grüßte freundlich und arbeitete weiter. Es war ihm anzusehen, dass es ihm schwerfiel. Der König trat zu ihm und sagte: »Ich bin zu dir gekommen, weiser Mann, weil ich dich bitten möchte, mir drei Fragen zu beantworten: Welches ist die richtigste Zeit? Welches ist der unentbehrlichste Mensch? Und welches ist das wichtigste Werk?« Der Einsiedler hörte zu, antwortete aber nicht und arbeitete weiter.
»Du bist erschöpft«, sagte der König, »gib mir deinen Spaten und ruhe dich aus.«
»Danke«, erwiderte der Einsiedler und reichte dem König den Spaten. Der König grub das Beet um und wiederholte nach einiger Zeit seine drei Fragen.
Der Einsiedler beantwortete diese wieder nicht und wollte stattdessen weiterarbeiten. Doch der König gab den Spaten nicht her und fuhr mit der Arbeit fort. Die Sonne brannte und auch er war erschöpft. Da sagte er: »Weiser Mann, ich bin zu dir gekommen, um Antworten auf meine Fragen zu bekommen. Wenn du nicht antworten kannst, dann sag es doch und ich gehe nach Hause.«
»Sieh mal, da kommt jemand gelaufen!«, rief der Einsiedler. Der König sah, dass ein bärtiger Mann aus dem Wald gelaufen kam. Er keuchte, hielt sich den Bauch und brach zusammen. Der Einsiedler und der König öffneten seine Kleider und sahen eine stark blutende Wunde. Der König wusch die Wunde aus, verband sie mit seinem Taschentuch und dem Handtuch des Einsiedlers. Doch sie hörte nicht auf zu bluten, so dass er die Wunde immer wieder neu verbinden musste. Als die Blutung endlich gestillt war, bat der Fremde um etwas Wasser. Der König holte Wasser herbei und gab ihm zu trinken.
Es war dunkel und kühl geworden, deshalb trugen sie den Verwundeten in die Hütte und legten ihn auf das Bett des Einsiedlers. Der König war so erschöpft, dass er sich auf den Boden legte und einschlief.

Als er am nächsten Morgen erwachte, sprach der bärtige Mann mit schwacher Stimme zum König: »Bitte, bitte, verzeih mir!« »Ich kenne dich nicht und habe dir nichts zu verzeihen!«, erwiderte der König. »Aber ich kenne dich und bin dein Feind. Ich habe geschworen mich zu rächen, weil du meinen Bruder hingerichtet hast und mir alles genommen hast. Doch nun hast du mir das Leben gerettet. Deshalb will ich dir mit meinen Söhnen dienen. Bitte, verzeih mir!«

Der König war froh, dass es ihm so leicht gelungen war, sich mit einem seiner ärgsten Feinde zu versöhnen. Er versprach, ihm zu verzeihen und ihm seine Güter zurückzugeben.

Vor der Hütte kniete der Einsiedler vor einem der Beete und säte Gemüsesamen. Der König trat zu ihm und bat ihn abermals ihm seine Fragen zu beantworten. Der Einsiedler sah in erstaunt an, richtete sich auf und sagte: »Aber du hast deine Antwort doch schon bekommen.« »Nein, da irrst du dich! Wann sollte ich eine Antwort bekommen haben?«, fragte der König. »Hättest du nicht gestern Mitleid mit mir gehabt, wärst du nicht hier geblieben, sondern allein zurückgegangen, dann hätte dein Feind dich überfallen. Somit war die Zeit die richtige, als du die Beete umgrubst. Ich war der wichtigste Mensch. Das wichtigste Werk war, mir Gutes zu tun. Später war die wichtigste Zeit, den Mann zu retten, denn sonst hätte er sich nicht mit dir versöhnen können. Er war in dem Moment der wichtigste Mensch. Und das, was du getan hast, war das wichtigste Werk.

Also merke dir: Der Augenblick ist die wichtigste Zeit, in der dir der wichtigste Mensch begegnet, und das wichtigste Werk ist, ihm Gutes zu tun!«

Karl-Heinz Dirwald nach einer Erzählung von Leo N. Tolstoi

Kreative Ideen

Der Versuchung widerstehen

Einfluss, Anerkennung und Wohlstand sind wichtige Werte unserer Gesellschaft. Kinder erfahren dies auch schon früh in ihren Familien. Doch oft wird der Alltag vieler Familien bestimmt vom Streben nach ausschließlich diesen Werten. Wo nimmt dieses Streben überhand und wirkt sogar zerstörerisch für eine gute Gemeinschaft oder auch das Familienleben? Wir sammeln Beispiele und schreiben oder malen sie auf. Dann können wir »Nein« zu ihnen sagen und sie vor Gott bringen, indem wir sie in einem Gefäß auf dem Altar ablegen. Dazu singen wir:

Text und Melodie: Berndt Schlaudt, © beim Komponisten

Was ist richtig am Sonntag?

Ähren werden heute bei uns nicht mehr gerauft. Viele Bauern ernten aber oft auch am Sonntag. In vielen anderen Bereichen ist es ähnlich. Deshalb lohnt es sich einmal, auf den Sonntag zu sehen:
Was ist erlaubt und was ist am Sonntag verboten?
Was gilt mehr, Gesetze oder Gebote?
Mit Hilfe der Bilder suchen wir nach Antworten.

Zeichnung: Doris Westheuser, aus: Dietrich Steinwede und Ingrid Ryssel (Hg.): Jesus Geschichten spielen und erzählen, Gütersloher Verlagshaus, Gütersloh 2002, © Doris Westheuser

Lösung: Ausruhen

Den Armen helfen

Es gibt ganz verschiedene Hilfsangebote in unseren Gemeinden. In den vergangenen Jahren sind immer mehr »Tafel-Geschäfte« oder »Manna-Läden« entstanden. Mitarbeiterinnen und Mitarbeiter kommen in unsere Kindergottesdienste und berichten davon. Neben der Grundversorgung fehlt es gerade bei den Kindern oft auch an Zuwendung und Anteilnahme. Wir drücken dies aus, indem wir »*Trösterchen*« basteln und sie als kleine Geschenke mitgeben.

Schnittmusterzeichnung:
Doris Westheuser,
© bei der Künstlerin

Material: Woll- und Stoffreste, Watte oder Acrylwolle, Stoffmalfarben, Nadeln, Knöpfe

Das »Schnittmuster« wird auf 12–16 cm vergrößert und auf den Stoff, der doppelt liegt, gelegt. Dann können die Konturen ausgeschnitten werden. Mit einem einfachen Heftstich werden die beiden Stoffhälften zusammengenäht. Wichtig ist, dass am Kopf eine Öffnung zum Füllen bleibt. Mit Hilfe eines Stiftes werden die Figuren gewendet und mit der Watte gefüllt. Wenn die Kopföffnung verschlossen ist, bekommen die »*Trösterchen*« Haare, Gesicht und Kleidung.

Stichworte
Hilfe, Glaube, Diakonie, Sonntag, Nächster, Gebote

Karl-Heinz Dirwald

Begegnungen mit Jesus verändern das Leben

27.02.2011
(Sexagesimae)
Petrus begegnet Jesus und das Leben wird auf den Kopf gestellt
(Lukas 5,1–11)

06.03.2011
(Estomihi)
Frauen werden geheilt und folgen Jesus nach
(Lukas 8,1–3)

13.03.2011
(Invokavit)
Zachäus: Versteckt, isoliert und ausgeschlossen – gesucht, gefunden und aufgenommen
(Lukas 19,1–10)

20.03.2011
(Reminiszere)
Lebensbild von Johann Sebastian Bach: Musik zur Ehre Gottes und Verkündigung des Evangeliums

Dies ist eine Reihe von Gottesdiensten für Menschen, die Musik lieben – besonders die Musik von Johann Sebastian Bach. Die Geschichten der einzelnen Sonntage verbindet eine Begegnung mit Gott bzw. mit Jesus. Dieser Wendepunkt macht es Petrus, den Frauen, Zachäus und auch Bach möglich, für die neue Welt Gottes zu arbeiten, Nachfolge zu leben. Zur Darstellung erstellen wir für jede Einheit »Lebensbilder«, die mit Texten, Abbildungen, Aussagen, gestalteter Musik und symbolischer Gemeinschaft gefüllt werden. Die Musik von Johann Sebastian Bach begleitet die Begegnungen mit Jesus und schafft die Verbindung zu uns: Bach begegnete Gott seit frühester Kindheit in der Musik, konnte durch seinen tiefen Glauben die schlimmen und traurigen Ereignisse seines Lebens ertragen und durch seine Musik zum Missionar werden.
Ideal wäre zur Vorbereitung der Einheit die Zusammenarbeit mit einem Kantor oder einer Kantorin. Aber auch die Suche im CD-Bestand von Bach-Freunden und im Internet wird weiterhelfen. Wer nur schwer an die passenden Musikstücke kommt, kann auch für alle Sonntage mit nur einem Bachwerk arbeiten. Dazu empfiehlt sich die Kantate: »Jesus bleibet meine Freude« BWV 147. Die Ideen und Bausteine dieser Einheit eignen sich auch für einen Kirchenmusiktag mit Beteiligung von Kindern.

Liturgische Gestaltung

Zusammenkommen – sich Gott zuwenden

Psalmgebet nach Psalm 130 – dazu: Kantate »Aus der Tiefe rufe ich, Herr, zu Dir«, BWV 131 *Wir hören uns etwa eine Minute in die Musik ein, lassen sie dann als Hintergrund zum Psalmgebet spielen. Danach wieder lauter stellen und zu Ende hören.*

Alle: *Aus der Tiefe rufe ich zu Dir, Gott.*
Hör doch meine Stimme!

Eine/r: Ich fühle mich so unsicher.
So viel mache ich falsch.
Was wird aus mir werden?
Alle: *Aus der Tiefe ...*

Eine/r: Ich bin so einsam.
Niemand mag mich leiden.
Ich wäre so gerne anders, heil!
Alle: *Aus der Tiefe ...*

Eine/r: Ich wäre gerne bei ihnen.
Wer will mein Freund sein?
Wie kann ich alles wieder gut machen?
Alle: *Aus der Tiefe ...*

Eine/r: Ich weiß manchmal nicht,
ob ich es noch aushalten kann.
Es passiert so viel Schlimmes.
Alle: *Aus der Tiefe ...*

Eine/r: Mach mir Mut, tröste mich,
heile mich,
vergib mir, was ich falsch gemacht habe.
Bleibe Du bei mir, Gott! Amen.

Sendung – Segen

Segenstanz zu »Jesus bleibet meine Freude« BWV 147 – Wir stellen uns hintereinander auf, legen die rechte Hand auf die linke Schulter des Menschen vor uns, halten die linke Handfläche nach oben geöffnet seitlich nach außen und bewegen uns in gleichmäßigen Schritten zur Musik vorwärts. An einer (oder mehreren) segnenden Person(en) ziehen wir vorbei, dabei wird jedem Kind *über die ausgestreckte Handinnenfläche gestrichen und gesagt:* »Gott segne dich mit Liebe, Kraft, Mut und echter Freundschaft.«

Kurzgeschichte

Das Gespräch zwischen Anabelle und ihrer Querflötenlehrerin beschreibt ein wenig das Leben und Wirken Bachs. Es gibt den Kindern Einblick, wie ein tiefer Glaube durch das Leben tragen und auch uns heute noch beeindrucken kann.
Die Geschichte kann als Text zum vierten Sonntag eingesetzt werden.

Anabelle nimmt die letzten Stufen fast im Rennen. So sehr freut sie sich auf die Stunde heute. Sie hat so gut geübt! »Engel« steht an der Klingel, »Engel, Musiklehrerin«.

Ein passender Name. Lange blonde Haare hat sie nicht, sondern kurze braune. Recht jung ist sie und Anabelle ist gerne bei ihr. Es ist immer spannend und auch lustig. Seit fast drei Jahren kommt sie nun einmal in der Woche hierher. Anabelle lernt Querflöte spielen. Das war schon lange ihr Traum gewesen. Sie mag den Klang, wenn die Töne durch den Raum schweben. Hoch, und doch nicht schrill.
Vor zwei Wochen hat Anabelle ein neues Stück begonnen. Das ist immer ein besonderer Moment. Wobei sie diesmal das Stück schon gekannt hat. Es war ja ihr großer Wunsch, es auch mal spielen zu dürfen! Dabei hatte sie gedacht, dass das noch dauern würde! Beim letzten Gemeindefest hatte es der Kirchenchor gesungen und Frau Engel hatte die Flöte dazu gespielt. Schon da hat ihr das Stück so gut gefallen. Es ist ihr tagelang immer wieder durch den Kopf gegangen. Besonders die Flötenmelodie. Und jetzt hat Frau Engel ihr die Noten einfach hingestellt und gemeint: »Na, das wäre doch was, oder?! Bach hat es zwar für Geige geschrieben, aber es ist auch für Flöte ein tolles Stück!«
»Jesus bleibet meine Freude«. Für den Chor scheint dieses Stück geradezu ein Hit zu sein. Ihre Mutter liebt es auf jeden Fall! Sie singt im Kirchenchor in der hohen Stimme und sagt immer: »Der Text berührt mich jedes Mal neu. *Jesus bleibet meine Freude, meines Herzens Trost* ... So wie es Bach schreibt, so hat es kein anderer gemacht. Dabei ist das Stück nun schon fast dreihundert Jahre alt.« Neulich hat sie gemeint: »Es gefällt mir so gut, wenn wir immer abwechselnd singen: mal der Chor und mal die Flöte.« »Mama, seit wann *singen* Flöten denn?« hatte sie gefragt. Und dann hat sie es selbst gemerkt: »Ich spiele auf der Flöte so, als würde ich eine Melodie damit singen.«
Die Tür geht auf und Frau Engel lächelt Anabelle zu: »Na, legen wir los und lernen weiter?« Anabelle packt schon ihre Flöte aus. »Mir gefällt diese Musik so gut, Frau Engel.« »Das ist schön. Weißt Du, für mich ist Bachs Musik unbeschreiblich wichtig. Es gibt viele gute andere Komponisten, aber seine Musik bleibt einzigartig. Er hat viel Unglück in seinem Leben erlebt. Seine geliebten Eltern, seine junge Frau und einige seiner Kinder sind viel zu früh gestorben. Und doch glaubte er fest an Gott und lobte ihn in all seiner Musik. Schau hier: Das sind alle seine Werke auf CD, über 150 CDs sind das! Ist das nicht unglaublich? Über jedes Stück hat er »Soli Deo Gloria« – »Gott allein zur Ehre« geschrieben.« Frau Engel schaut ein bisschen verlegen und sagt: »Ich habe oft das Gefühl, dass seine Musik mich Gott näher bringt.«
Anabelle staunt: »Gott näher bringt?« »Stell dir vor«, lächelt Frau Engel, »so ein berühmter Mensch wie Friedrich Nietzsche, der sich wohl oft fragte, ob es Gott überhaupt gibt, der hat Bachs Musik gehört und gesagt: *Wer das Christentum völlig verlernt hat, der hört es hier wirklich wie ein Evangelium.* Da war Bach doch ein richtiger Missionar.«
Anabelle nickt nachdenklich. Sie hat den Zauber von Bachs Musik auch für sich entdeckt.

Jutta Schitter

Kreative Ideen

An den vier Sonntagen sollten die Personen (Petrus, die Frauen, Zachäus und Bach) für die Kinder sehr lebendig werden. Am besten wird aus der Ich-Perspektive erzählt. Dann gestalten wir »Lebensbilder«. Dazu werden vier möglichst gleiche Bilderrahmen gefüllt mit:

- dem **Namen** des Menschen, der Jesus/Gott begegnet.
- einer **Bild**darstellung des Menschen. Dazu eignen sich die Darstellungen der Gütersloher Erzählbibel, die als einzige Kinderbibel alle drei Geschichten enthält.

  Ausführlicher in: D. Klöpper/K. Schiffner: Gütersloher Erzählbibel – Die Bilder, Präsentation auf CD-ROM, Beschreibungen, Deutungen, Praxis-Tipps, Gütersloh 2005.

- einer **Kurzfassung der Geschichte** (s. u.).
- einer **Sprechblase** mit Lebensbeschreibung der betroffenen Menschen (siehe Tabelle).
- **»gemalter« Bach-**Musik, die die Begegnung mit Jesus ausdrückt (s. u.).
- **Symbolen** der Gemeinschaft, die mit einer »Geschmacksanregung« verbunden sind (siehe Tabelle).

Tabelle mit kreativen Elementen

Name	**Bisheriges Leben Sprechblase**	**Jesusbegegnung Musik von J. S. Bach**	**Was nun möglich ist, feiern wir in einem Imbiss**
Petrus	Ich bin ein Versager	»Fürchte dich nicht« BWV 228 Wir hören die Musik, geben ihr mit drei Farben im »musikalischen Rahmen« eine Gestalt.	Menschenfischer, Nachfolge **Wir feiern den Menschenfischer mit Fischkeksen oder Fischlis**
Maria/ Johanna/ Susanna	ich bin so einsam	»Air« Suite Nr. 3 BWV 1068 Wir hören die Musik und gestalten »neue Gemeinschaft« mit bunten Farbkreisen.	Gemeinsame Unterstützung **Wir feiern die neue Gemeinschaft mit Fladenbrot.**

Name	Bisheriges Leben Sprechblase	Jesusbegegnung Musik von J. S. Bach	Was nun möglich ist, feiern wir in einem Imbiss
Zachäus	Niemand mag mich	»Badinerie« Suite Nr. 2 BWV 1067 Die fröhliche Musik gestalten wir als buntes Notenbild mit unseren Daumenabdrücken.	Wiedergutmachung **Wir feiern die »Entschuldigung« mit Schokotalern**
Johann Sebastian Bach	Leben ist oft so traurig.	»Jesus bleibet meine Freude« BWV 147 Wir hören die Musik und gestalten dazu ein Farben-Verlaufbild.	Mission im Nutzen der Begabung **Wir feiern Bachs Musik mit einem Bach-Kuchen (Kuchen mit Bild von J. S. Bach verzieren).**

Kurzfassungen der Geschichten (kopieren und in das Lebensbild heften)
Petrus (Lukas 5,1–11)

Jesus kam zu Simon, dem Fischer, und bat ihn, ihn auf das Meer hinaus zu fahren, damit er besser zu den Menschen sprechen könnte. Danach wollte er auch noch, dass die Fischer mitten am Tag zum Fischen ausfuhren. Das kam Simon komisch vor, weil sie nur nachts zum Fischen aus fuhren. Aber er gehorchte und fing eine so große Menge Fische, dass das Boot unterzugehen drohte. »Um Himmels willen, wer bist du?«, rief Simon Petrus aus und fiel vor Jesus auf die Knie. »Geh lieber weg von mir, ich bin ein Versager!« Aber Jesus sagte: »Fürchte dich nicht! Von nun an wirst du Menschen fischen!« Und Petrus ließ alles stehen und liegen und blieb bei Jesus.

Maria Magdalena, Johanna, Susanna (Lukas 8,1–3)

Zu der Gruppe, die mit Jesus umherzog, gehörten auch einige Frauen, die Jesus heil gemacht hatte. Maria aus Magdala, deren Seele so krank gewesen war, Johanna, die Frau des Finanzverwalters am Königshof und Susanna. Sie alle zogen miteinander umher, erzählten Geschichten, halfen und brachten alles, was sie besaßen. Geld, Gut und Begabungen schenkten sie der neuen Gemeinschaft, in der sie nun lebten.

Zachäus (Lukas 19,1–10)

Zachäus war äußerst unbeliebt in der Stadt. Als Oberzöllner knöpfte er den Leuten immer mehr Geld ab, als eigentlich festgesetzt war. Und dazu war Zachäus noch ein kleiner Mann, über den sich alle heimlich lustig machten. Jesus wollte er aber auch einmal sehen. Deshalb kletterte er auf einen Baum, als Jesus in die Stadt gekommen war und die große Menschenmenge ihn umringte. Nur von Ferne wollte er ihn sehen. »Sicher will auch Jesus nichts mit mir zu tun haben.«, dachte er. Und dann rief Jesus zu ihm in den Baum hinauf: »Zachäus, komm schnell herunter! Heute will ich bei Dir übernachten!« Darüber hat sich Zachäus so gefreut, dass er versprach: »Ich will alles wiedergutmachen!«

Johann Sebastian Bach

Johann Sebastian Bach wurde am 21. März 1685 als achtes Kind in eine große Musikerfamilie geboren. Von Anfang an konnte er erleben, wie der Glaube an Gott in Musik gestaltet werden kann und so Menschen tief berührt und beeindruckt. Bach hat viel Schlimmes in seinem Leben erlebt. Schon früh starben seine Eltern, mit zehn Jahren war er Waise. Seine erste Frau Maria Barbara, die er sehr liebte, starb schon früh wie auch einige seiner Kinder. Auch beruflich ging es Bach, der sehr fleißig, ehrgeizig und manchmal auch jähzornig war, nicht immer gut. Aber sein fester Glaube an Gott, der ihn von all dem Leiden retten wird, gab ihm Kraft für seine unglaubliche Musik. Viele Menschen sind durch Bachs Musik tief berührt worden und zum Glauben an die frohe Botschaft der Bibel gekommen.

Kinderbibeltexte (als Grundlage für eine Erzählung in Ich-Form)
Am besten eignet sich: Diana Klöpper, Kerstin Schiffner: Gütersloher Erzählbibel, 2. Aufl., Gütersloh 2008, S. 272–273; (276)–277; 306–306;

Symbole der Gemeinschaft (kopieren und in das Lebensbild heften)
Weil die geschmackliche Komponente einer Feier der neuen Gemeinschaft »aus dem Rahmen fällt«, im Bilderrahmen schlecht darstellbar ist, bringen wir dort ein passendes Symbol an.

Petrus (Lukas 5,1–11) Das Symbol der zupackenden Hände zeigt sowohl Gemeinschaft als auch das »Ergriffensein«.		Maria Magdalena, Johanna, Susanna (Lukas 8,1–3): hier passt wegen der Nähe zum Weltgebetstag der Frauen das WGT-Symbol.	

Zachäus (Lukas 19,1–10) Der Menschenkreis symbolisiert, dass *alle* aufgenommen sind.		J. Sebastian Bach Seine vom Glauben durchdrungene Musik geht missionierend durch die Zeiten und um die Welt.	

Zeichnungen S. 25, auf dieser Seite oben links und rechts: Urd Rust

Musik von Johann Sebastian Bach »gemalt«

»Fürchte dich nicht« BWV 228
Benötigt werden Ölkreiden und vorbereitete Karten. Die Karten in Postkartengröße sind mit einem Rahmen aus Noten, Notenschlüsseln und/oder Notenlinien versehen. Wir hören die Musik, jedes Kind sucht sich dazu passend drei Farben der Kreiden aus. Wir bemalen zur Musik die Karten, die dann ins Lebensbild geklebt werden.

»Air« Orchestersuite Nr. 3 BWV 1068
Benötigt werden viele kleine Farbkreise aus buntem Papier und ein Bogen Zeichenpapier, in dessen Mitte ein goldener Farbkreis geklebt ist.
Wir hören die Musik, die Kinder suchen sich Farbkreise aus und gruppieren sie um die goldene Mitte. Die entstandene Komposition wird fixiert und ins Lebensbild geheftet.

»Badinerie« Orchestersuite Nr 2 BWV 1067
Benötigt werden Wasserfarben, ein dunkler Filzstift und ein Bogen Zeichenpapier. Während die fröhliche Musik spielt, gestalten wir ein buntes Notenbild. Dazu färben die Kinder ihren Daumenabdruck in gewünschter Farbe ein und drücken ihn aufs Papier. Ein aufgemalter Notenhals macht den Daumenabdruck zur »Musik«. Die entstandene Komposition wird fixiert und ins Lebensbild geheftet.

»Jesus bleibet meine Freude« BWV 147
Benötigt wird Abtönfarbe in flüssiger Konsistenz und verschiedenen Farbtönen, dazu ein großer Bogen stabiler Tonkarton und Abdeckfolie für den Boden. Die Farben werden in breiten Streifen nebeneinander aufgetragen. Die Gruppe stellt sich um den bemalten Bogen auf.
Wir hören die Musik und heben das Bild gemeinsam hoch. Zur Musik wird der Karton vorsichtig bewegt, sodass die Farben verlaufen (unbedingt vorher ausprobieren!). Eine schöne Darstellung, wie Glaube und Musik das Leben durchdringen können.

Stichworte
Jesusbegegnung, Nachfolge, Glaube, Musik, Mission, Lebensbild

Urd Rust und Jutta Schitter

Menschen am Kreuzweg Jesu Die Leidensgeschichte Jesu nach Lukas

27.03.2011
(Okuli)
Der Knecht des Hohepriesters: Jesus hat mein Ohr geheilt.
(Lukas 22,(39–46)47–53)

03.04.2011
(Lätare)
Petrus: Jesus hat mich angeschaut.
(Lukas 22,54–62[63–71])

10.04.2011
(Judika)
Pilatus: Jesus war unschuldig, aber ich habe meine Macht nicht genutzt.
(Lukas 23,1–5[6–12]13–25)

17.04.2011
(Palmsonntag)
Simon von Kyrene: Jesus hat seine Last mit mir geteilt.
(Lukas 23,26[27–31])

22.04.2011
(Karfreitag)
Der mitgekreuzigte Verbrecher: Jesus nimmt mich mit in Gottes Reich.
(Lukas 23,32–43[44–49])

Jedes Jahr erzählen wir im Kindergottesdienst die Geschichten vom Leiden und Sterben Jesu. Viele Mitarbeiterinnen und Mitarbeiter verspüren innere Widerstände, diese Themen zu erzählen, zu spielen und auch noch Gott für alles zu danken. Ein Gefühl des Ausgeliefertseins macht sich breit. Dabei ist Passion auch ein bewegendes Wort, denn im Englischen bedeutet »passion« leidenschaftliche Hingabe oder Leidenschaft. Leidenschaftlich zu sein, heißt im zwischenmenschlichen Miteinander, dass Herz und Seele, Körper und Geist beteiligt sind.

Lukas richtet sich an Gemeinden, die um ihres Glaubens willen verfolgt werden. Sie sollen gestärkt werden. So beschreibt Lukas in seinen Passionsgeschichten Jesus vor allem als den »Heiland«, der sich auch noch in der Zeit seines Leidens und Sterbens den Menschen zuwendet. Dies sind nicht nur seine Jünger und Freunde, sondern auch seine Gegner und die Menschen am Rande. Die Passionsgeschichten bei Lukas sind so auch als Seelsorgegeschichten zu sehen.

Aus diesem seelsorgerlichen Blickwinkel betrachten wir die Menschen, denen Jesus hier begegnet. Jeder von ihnen macht eine ganz persönliche – manchmal auch unerwartete – Erfahrung mit Jesus. Diese Begegnungen und Erfahrungen finden am Kreuzweg Jesu statt. Sterben und Tod stehen am Ende der Erzählungen ohne das Ende zu sein! Bereits in der Begegnung mit dem mitgekreuzigten Verbrecher erscheint das Osterlicht am Horizont.

Der Weg ist vielfach ein Symbol für das menschliche Leben. Auf den einzelnen Abschnitten haben wir unterschiedliche Wegbegleiter, so auch Jesus auf seinem Kreuzweg. Hier können die Kinder erfahren und nachvollziehen, dass Gott auch im Leiden nahe ist. Gott begleitet die Menschen, die ihren Weg mit ihm gehen, auch wenn alles aussichtslos und verloren erscheint.

Wenn wir unseren Weg mit Gott gehen und uns auf seine Begleitung einlassen, dann sind wir – auch im Sterben – bei Gott geborgen.

Liturgische Gestaltung

Zusammenkommen – sich Gott zuwenden

Wer klagt, kann sich auch aufrichten lassen.
Wir beten im Wechsel mit Worten nach Psalm 22:

Alle: *Mein Gott, ich bin allein,*
hast Du mich auch vergessen?

Eine(r): Gott, hörst Du mich?
Ich rufe, aber Du antwortest nicht.
Alle: *Mein Gott, ...*

Eine(r): Gott, mein Rufen wird lauter.
Doch niemand hört mir zu.
Alle: *Mein Gott, ...*

Eine(r): Gott, ich wende mich zu Dir.
Komm und hilf mir!

Alle (singen): ***Wir gehen unser Leben zu beginnen***

Kanon: Bernd Schlaudt, © beim Komponisten

Sendung – Segen

Alle stehen im Kreis und reichen sich die Hände:

Gott stärke dich, wenn du in die neue Woche gehst.
Gott richte dich auf, wenn du dich einsam fühlst.
Gott beschütze dich, wenn du dich auf neue Wege begibst.
Gott segne dich bei allem, was du machst
und bei allem, was dir begegnet. Amen.

Kurzgeschichte

Hilflosigkeit – Traurigkeit – Trauer, das sind Gefühle, denen wir uns oft ausgeliefert fühlen und die uns erstarren lassen. Das haben auch schon die meisten kleineren Kinder erfahren. Liebevolle Begleitung hilft einem Menschen, sich diesen Gefühlen zu stellen und einen eigenen Weg aus der Starre heraus zu finden.

Philipps Zelt

Philipp kam von der Schule nach Haus. Er hatte auf dem Heimweg immer an »Opa-Schulz« denken müssen. Opa-Schulz war nicht sein richtiger Opa. Er wohnte im Nachbarhaus. Doch Philipp sagte »OPA-SCHULZ« zu ihm, solange er denken konnte. Opa Schulz hatte keine Kinder und seine Frau war auch schon vor langer Zeit gestorben. So waren Philipp, Sabine, Mama und Papa zu seiner Familie geworden. »Ihr habt mich als Opa adoptiert!«, hatte Opa-Schulz einmal lachend gesagt.
Mama erwartete Philipp schon vor der Tür. »Philipp, wir müssen dir etwas Schlimmes sagen!« – Brauchte sie nicht! Philipp wusste es ...! Philipp rannte in den Garten und kroch in sein Zelt. Das Zelt hatte er bei Opa-Schulz im Keller entdeckt. Gemeinsam hatten sie es im Frühling im Garten aufgebaut. Den ganzen Sommer über hatten sie viele Stunden in dem Zelt verbracht, sogar ein paar Mal dort übernachtet. Sie hatten immer wieder etwas verändert und verschönert. So hatte das Zelt auch eine Fahnenstange bekommen. Immer wenn Philipp im Zelt war, hisste er auch seine Fahne. Dann wusste Opa-Schulz Bescheid. Er kam dann meistens zu Philipp in den Garten.
Auch gestern hatte Philipp seine Fahne gehisst. Philipp wartete auf Opa-Schulz, denn er wollte ihm unbedingt sein neues Taschenmesser zeigen. Doch Opa-Schulz kam

nicht. Dabei war ein Fenster offen. Er musste also zuhause sein. Weshalb kam er denn dann nicht in den Garten? Philipp wollte nicht mehr warten, deshalb lief er zu Opa-Schulz' Haus. Er klopfte: tok – toktok – tok! Das war nämlich ihr Zeichen. Doch Opa-Schulz öffnete auch nicht die Tür. Philipp lief um das Haus herum. Meistens war die Küchentür zur Terrasse auf. Auch diesmal. Philipp ging ins Haus und rief: »Hallo, Opa-Schulz! Ich bin es, der Philipp!« – Da sah Philipp, dass die Kellertür offen stand. Er schaute in den Keller hinunter ...
Dann ging alles ganz schnell: Philipp rannte zu Mama. Kaum hatte Mama den Notarzt angerufen, da kam auch schon der Rettungswagen. Opa-Schulz wurde auf einer Krankentrage aus dem Haus gebracht. Er wäre nicht bei Bewusstsein sagten sie, doch Philipp hatte genau gesehen, dass Opa-Schulz ihm zugeblinzelt hatte, als er in den Rettungswagen geschoben wurde. Der Rettungswagen fuhr mit Blaulicht und Signalhorn davon.
Jetzt saß Philipp also im Zelt. Im Geheimen hörte er immer noch das Signalhorn des Rettungswagens. Er sah Opa-Schulz auf der Krankentrage, und der blinzelte ihm zu! Philipp fröstelte. Er rollte sich in der Ecke zusammen und zog sich die bunte Indianer-Decke über den Kopf. Es war nur noch ein bunter Wollhaufen zu sehen. Das Signalhorn wurde immer lauter. Philipp wusste, dass es nur in seinem Kopf zu hören war. Nicht wirklich – aber es war sooo laut! Philipp erschrak: Da war etwas Weiches und Warmes unter der Decke! Es war eine Hand, die nach ihm tastete.
Philipp hatte gar nicht bemerkt, dass Mama in das Zelt gekommen war. Sie sagte gar nichts, sondern nahm ihn ganz fest in den Arm. Das Signalhorn war nicht mehr zu hören. Philipp weinte.

Doris Dirwald

Kreative Ideen

Kreuzweg

Menschen am Kreuzweg Jesu – wir gehen in unseren Gottesdiensten diesen Kreuzweg mit. Auf diesem gemeinsamen »Weg« durch die Passionszeit begleiten wir an jedem Sonntag eine Person. Jedem Menschen am Kreuzweg wird ein Symbol zugeordnet. Wenn diese Symbole in der vorgeschlagenen Reihenfolge um die »Dornenkrone« herum angeordnet werden, wird am Karfreitag ein Kreuz entstanden sein. Dieses Kreuz und damit auch diese Einheit können noch in die Ostergottesdienste überleiten. Die Dornenkrone wird dann mit der »Ostersonne« abgedeckt.

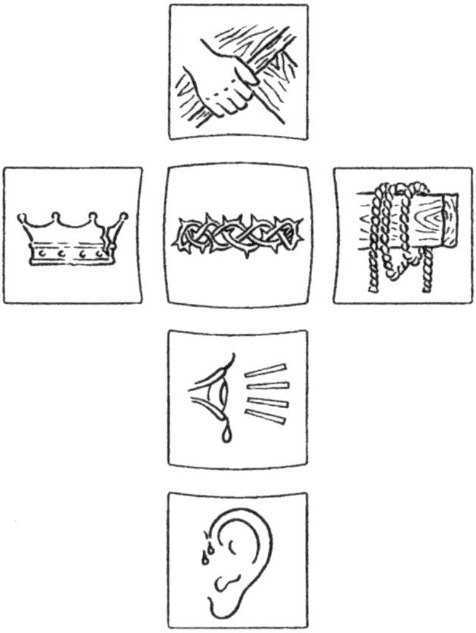

Graphiken: Norbert Scharfe

Die Symbolbilder werden vergrößert und auf Plakatkarton kopiert. Entsprechend gestaltet finden sie dann ihren Platz in der Kirche oder Kindergottesdienstraum. In einer kleineren Ausführung gestaltet jedes Kind sein eigenes »Kreuzwegs-Kreuz«.

- *Das blutende Ohr*
  Wir erzählen die Geschichte aus der Sicht des Knechtes. Er staunt über Jesu Zuwendung den Menschen und auch seinen Gegnern gegenüber, ebenso wegen seines gewaltlosen Verhaltens. Wie kommt Jesus zu dieser Stärke? Wo können wir Stärke zeigen?
  Wir schreiben oder malen dies auf das »blutende Ohr«.
- *Das tränende Auge*
  Bei Lukas kommt Petrus nicht durch den Hahnenschrei, sondern durch den Blick Jesu zur Besinnung.
  Was mag in diesem Blick gelegen haben? Angst und Verzweiflung oder Trauer und Liebe oder Enttäuschung und Wut?
  Grenzenlose Zuneigung und bedingungslose Liebe nimmt Petrus wahr.
  Wo oder wie wir solche Zuneigung und Liebe erfahren haben, schreiben wir auf das »tränende Auge«.
- *Die zerbrochene Krone*
  Pilatus hat begriffen, dass Jesu Herrschaftsanspruch, König der Juden zu sein, nicht politisch gemeint ist. Dreimal erklärt er ihn für unschuldig. Dennoch beugt er sich der Menge. Damit zeigt er, dass er letztendlich machtlos und abhängig ist.

Wo sollten wir unsere Macht nutzen? Auf den Zacken der Krone finden wir es wieder.

- *Das Tragen des Kreuzes*
  Mitten aus seinem Alltag heraus muss Simon von Kyrene nicht nur am Kreuzweg teilnehmen, sondern auch noch das Kreuz tragen. Wie wird Simon dies wohl im Nachhinein gesehen haben?
  Wo tragen wir unser Kreuz? Wo tragen wir das Kreuz eines anderen? –
  Das Kreuz eines anderen zu tragen, fällt uns leichter, deshalb schreiben (malen) wir es auf die Vertikalen. Unser eigenes Kreuz erscheint uns oft schwerer, deshalb kommt es auf das horizontale Holz.
- *Die gelösten Fesseln*
  Die beiden Verbrecher sind auf das Kreuz gebunden. Während der eine Verbrecher Jesus verspottet, setzt der andere seine Hoffnung auf Jesus und bezeugt seine Unschuld. Im Sterben eröffnet Jesus ihm Zukunft und Hoffnung, damit er frei wird. Wo sind hoffnungs- und perspektivenlose Orte in unserem Leben? Welche Fesseln binden uns?

Einen schweren Stein – eine schwere Last – tragen

Alle sitzen im Kreis. In der Mitte liegt ein großer runder Stein. Wir überlegen gemeinsam: Ist dieser Stein schwer? – Wie fühlt es sich an, wenn ich ihn in meinen Händen oder auf meinem Schoß halte?
Eine Mitarbeiterin oder ein Mitarbeiter holt sich den Stein, betrachtet ihn und legt ihn sich auf den Schoß und spricht: »Manchmal habe ich einen so großen Kummer, das er wie ein schwerer Stein auf mir liegt. Da tut es gut, wenn mir einer beim Tragen hilft.«
An dieser Stelle kann von einer großen Last oder einem Kummer berichtet werden. Vielleicht übernimmt dann eine andere Mitarbeiterin oder auch ein Kind den Stein. Der Stein wird immer weiter im Kreis herumgereicht. Dabei kann den anderen von einer Sorge, einem Kummer oder einer Last berichtet werden. Es kann aber auch einfach nur der Stein getragen werden.
Zum Abschluss legen wir den Stein auf den Altar und singen:

Du, Gott, stützt mich …

Aus: Dorle Schönhals-Schlaudt, © bei der Komponistin

Mit den Augen sprechen

Alle sitzen so im Kreis, dass jeder ungehindert in die Augen der anderen sehen kann. In einem Korb oder einer Schale liegen gefaltete Zettel mit Eigenschaften: *wütend – traurig – fröhlich – trotzig – enttäuscht – fragend – unsicher – ...* .
Ein Kind zieht einen Zettel und versucht diese Eigenschaft mit den Augen darzustellen. Wer es zuerst erraten hat, darf den nächsten Zettel ziehen.

Stichworte
Passion, Begleitung, Weg, Trauer, Trost, Kreuzweg, Kreuz, Last, Kummer

Doris Dirwald

»Was Kinder brauchen, um groß und stark zu werden« – Das Heilige Abendmahl

21.04.2011
(Gründonnerstag)
Alle sind eingeladen an Gottes Tisch – Die Einsetzung des Abendmahls
(Lukas 22,7–23)

Alle sind eingeladen an Gottes Tisch – von dieser Einladung lässt sich erzählen, aber sie lässt sich auch erleben und sogar schmecken. Diesen drei didaktischen Ebenen wollen die hier vorgeschlagenen Bausteine nachkommen. Sie lassen sich einzeln oder als Kombination in einem Kinder- oder Familiengottesdienst einsetzen. Zum Erzählen hilft ein Anspiel mit Rahmenhandlung. Zum Erleben helfen Lieder und Gebete, aber auch das gemeinsame Teilen und Feiern. Das Schmecken stellt sich beim Einverleiben von Gottes Liebe in Form von Brot und Traubensaft ein.
Das Anspiel ist in eine Rahmenhandlung und einen Erzählteil als Rollenspiel gegliedert. Die Rahmenhandlung wird bestimmt durch zwei Figuren, Träuble und Mehlsack (Verweise auf die Abendmahlselemente Wein/Traubensaft und Brot), die in ihrer unbeschwerten Art zum Thema hinführen und die Erzählung hinterher aufnehmen. Die Erzählung beinhaltet den Bezug zu den Einsetzungsworten und zur nachösterlichen Abendmahlspraxis der ersten Christen. Dabei werden verschiedene Aspekte des Abendmahls aufgenommen: die Erinnerung an Jesus, die Gemeinschaft mit Gott und die Gemeinschaft der Feiernden untereinander, die Stärkung, die Vorfreude auf das himmlische Freudenmahl. Besonders hervorgehoben wird, dass Jesu Einladung allen gilt. Die Lieder und Gebete nehmen die Bedeutung des Abendmahls noch einmal auf und beziehen sie persönlich auf die Feiernden. Darüber, was bei einer Abendmahlsfeier mit Kindern generell zu bedenken und zu beachten ist, informiert der aktuelle Plan für den Kindergottesdienst 2010–2012 des Gesamtverbandes für Kindergottesdienst der EKD auf den Seiten 133–135.

Liturgische Gestaltung

Feiern – Teilen

Entweder sind auf dem Altar Fladenbrot, ein Kelch mit Traubensaft und ein Tuch zum Abwischen des Kelches gerichtet, oder Brot und Kelch werden feierlich hereingebracht und finden dort ihren Platz. Das gemeinsame Trinken aus einem Kelch verstärkt den Gemeinschaftsaspekt des Abendmahls. Sollten besondere hygienische Maßnahmen nötig sein, kann der Saft auch aus einem Krug in einzelne kleine Gläser oder Einzelkelche gegossen werden.

Lied: Du verwandelst meine Trauer in Freude

Zu finden in: Andreas Ebert (Hg.): Das Kindergesangbuch, München.

Gebet: Bei Jesus sind wir heute zu Gast.
Er lädt uns ein, Brot und Saft zu teilen.
An seinem Tisch erfahren wir:
Aus Angst und Sorge können Trost und Zuversicht werden.
Aus Streit kann Versöhnung und Friede werden.
Aus Einsamkeit kann Gemeinschaft werden.
Das will Jesus uns schenken, wenn wir gemeinsam Abendmahl feiern /
Brot und Saft teilen.

Lied vor der Austeilung: Bei Jesus sind wir heut zu Gast

Melodie: Reinhard Horn; Text: Ulrich Walter, aus: Buch/CD-Paket »Kinder-Kirchen-Hits«,

Zur Austeilung: Bei Jesus sind wir heute zu Gast, weil er uns eingeladen hat.
An seinem Tisch hört die Angst und Einsamkeit auf.
An seinem Tisch spüre ich, dass Gott mich liebt.
An seinem Tisch lädt Jesus alle ein,
die zu ihm kommen und zu ihm gehören wollen.
Kommt, es ist alles bereit.
Schmeckt und spürt die Liebe Jesu.

Die Kinder können sich das Brot und den Kelch gegenseitig weiterreichen mit den Worten »Brot des Lebens« und »Kelch der Freude«.

Sendung – Segen

Wir danken Dir, Jesus Christus, dass Du uns zu Deinem Mahl eingeladen hast.
Wir haben Brot und Saft geteilt.
Wir haben uns von Dir mit neuer Kraft beschenken lassen.
Hilf uns, dass wir diese Kraft auch für andere Menschen einsetzen:
Du hast uns unser Unrecht vergeben, deshalb wollen auch wir untereinander die Hände zur Versöhnung reichen und Deinen Frieden weitertragen.
Du bist immer bei uns und lässt uns nicht allein, deshalb wollen auch wir aufeinander achten und füreinander da sein.
Du überwindest die Grenzen zwischen Himmel und Erde, deshalb wollen auch wir die Grenzen zwischen uns Menschen durchbrechen und aufeinander zugehen.
Du hast mit uns Menschen einen Bund geschlossen, deshalb wollen auch wir fest zu Dir stehen und uns dir anvertrauen. Sei und bleibe bei uns. Amen.

Kurzgeschichte/Anspiel

Verkleidung Träuble (T): Grüne, möglichst weite Kleidung, die mit vielen aufgeblasenen, violetten Luftballons bestückt ist (mit Sicherheitsnadeln anbringen).

Verkleidung Mehlsack für Säckle (S): Weißes Leintuch, oben zusammengebunden, mit Gesichtsausschnitt, Aufschrift »Mehl«.

Zeichnungen:
Urd Rust

(**S** und **T** kommen und spielen Fangen, bleiben dann total außer Atem stehen.)

S: Puh, ich bin total außer Atem, ich brauch echt 'ne Pause!

T: Da hast du Recht, Säckle, nach drei Stunden um die Kirche rennen, da kippt man wirklich fast aus den Latschen. *(Kurze Verschnaufpause, die beiden entdecken die Kinder.)*

T: Oh sieh mal, das ist mir aber jetzt echt peinlich. Ich habe nicht gewusst, dass ihr jetzt schon kommt und dann auch noch so viele. –– Pause –– Oh nein, meine Haare sitzen nicht, schaut weg! Schaut alle weg! *(Dreht sich beschämt um und hält die Hände über den Kopf.)*

S: Mensch Träuble, jetzt hör doch auf rumzupienzen. *(Dreht T um und zerrt die Hände vom Kopf)* Wir sind nicht da, um den Kleinen Schönheitstipps zu geben, sondern um mit ihnen über das Abendmahl zu sprechen. *(Flüstert zu den Kindern:)* Außerdem kann man bei diesen Haaren auch nichts mehr machen.

T: Okay, okay, also: *(überlegt kurz)* Was wollen wir eigentlich erzählen? Ich hab doch selbst keine Ahnung!

S: Du? Ich auch nicht! Wie geht denn das, Abendmahl feiern? Und darf da eigentlich jeder hin?

T: Oder nur die mit blonden Haaren und blauen Augen?

S: Nee, das glaub ich nicht. –– *Pause* –– Nur die mit braunen Haaren! Ist doch klar.

T: Hey, gib's auf! Das hört sich nach 'ner Märchenstunde an. Hereinspaziert! Heute unsere neueste Attraktion: Säckchens Märchenstunde, herein, herein.

S: Mal ernsthaft: ich sag jetzt mal, was ich übers Abendmahl weiß: wer da so alles hin darf. – – *Pause* – – Ah da fällt mir eine Geschichte ein:

Erzählteil als Rollenspiel

(Die Jünger Jakobus (Ja) und Johannes (Joh) sind zusammen unterwegs nach Cäsarea, um dort mit den anderen zusammen Abendmahl zu feiern.)

Joh: Da hinten sind schon die Dächer von Cäsarea. Bei wem sind wir diesmal eingeladen?

Ja: Bei Joel in der Gerbergasse.

Joh: Ich freue mich jedes Mal wieder darauf, mit allen zusammen zu kommen. Geht es dir auch so?

Ja: Ja, nachdem wir jetzt schon eine ganze Woche unterwegs sind, freue ich mich besonders, im Kreis der Freunde das Abendmahl zu feiern.

Joh: Auch Jesus hat sich damals, am Abend seiner Gefangennahme, sehr darauf gefreut, mit uns zu feiern.

Ja: Aber die Freude wurde bald getrübt. Ich war sehr betroffen, als Jesus sagte: »Einer von euch wird mich verraten.«

Joh: Und ich erst! Einen Augenblick dachte ich, er wird doch nicht mich meinen!

Ja: Das hat wohl jeder von uns gedacht.

Joh: Ich hätte nie gedacht, dass es Judas war, er war doch immer bei uns, er war doch mein Freund – und dann dies. Im ersten Moment dachte ich, jetzt ist alles aus, das schöne Fest!

Ja: Ich war erstaunt, dass Jesus nach unserem betroffenen Schweigen das Fest weitergeführt hat. Er hat Judas, den Verräter nicht weggeschickt, nicht ausgeschlossen. *(Sklave Esra kommt von Weitem den beiden Jüngern entgegen.)*

Joh: Schau mal, da kommt uns Esra entgegen. Guten Tag Esra!

Ja: Wir haben uns gerade darüber unterhalten, dass wir heute bei Joel in Cäsarea zum Abendmahl zusammenkommen wollen. Kommst du auch mit?

Esra: Ich? Das wird nicht gehen. Ich bin doch ein Sklave und darf mich nicht mit freien Menschen an einen Tisch setzen.

Ja: Mich überrascht deine Frage, Esra. Weißt du denn nicht, dass wir Christen Brüder und Schwestern sind. Bei uns ist jeder eingeladen.

Joh: Jesus hat sich doch sogar mit Zöllnern und anderen verachteten Menschen an einen Tisch gesetzt.

Esra: Ja, ich habe so verrückte Dinge über euch Christen gehört. Aber sagt mal, was ist das eigentlich, euer Abendmahl, was macht ihr da?

Ja: Du weißt ja, dass wir an Jesus, unseren Herrn, glauben. Mit ihm sind wir lange durch das Land gezogen und haben von Gott erzählt. In der Nacht als er gefangen genommen wurde, hat er mit uns zum ersten Mal das Abendmahl gefeiert.

Esra: Was war denn das Besondere an diesem Mahl?

Joh: Jesus nahm das Brot, sprach ein Dankgebet, brach es in Stücke und gab es uns mit den Worten: Das ist mein Leib – für euch. Wenn ihr so miteinander Brot teilt, dann erinnert euch an mich und ich bin bei euch.

Ja: Jesus nahm den Kelch, sprach ein Dankgebet. Dann gab er uns den Kelch mit den Worten: Das ist mein Blut – für euch. Wenn ihr so miteinander aus einen Kelch trinkt, dann erinnert euch an mich und ich bin bei euch.

Esra: Was heißt denn das heute für uns? Jesus ist doch jetzt tot!

Joh: Damals haben wir das noch nicht verstanden. Das wurde uns erst klar, nachdem Jesus für uns gekreuzigt wurde und wieder auferstanden ist. Heute ist das Abendmahl ein Zeichen für uns, dass Jesus mitten unter uns ist. So wirklich, wie der Kelch da ist und das Brot, so wirklich ist auch Jesus bei uns. Wir können ihn nicht sehen und doch ist er da.

Ja: Als Jesus noch unter uns war, hat er uns Kraft und Mut gegeben, und so gibt uns auch heute das Abendmahl Kraft und Mut.

Joh: Gleichzeitig feiern wir das Abendmahl in der Vorfreude auf das große Mahl, das wir feiern werden, wenn Gottes Reich da ist.

Esra: Das möchte ich auch einmal erleben. Ich gehe mit. *(Die beiden Jünger und Esra treten ab, Träuble und Säckle treten wieder in den Dialog.)*

S: Oh Mann, was für eine Geschichte! Eins muss ich sagen, dieser Jesus hat seinen Jüngern viel beigebracht. Ich könnte wetten, bevor sie Jesus trafen, hätten sie sich garantiert nicht mit einem Sklaven an den Tisch gesetzt.

T: Da hast du wohl recht, aber Jesus hat auch uns beigebracht, zusammen Abendmahl zu feiern – *(deutet das Kreuz an)* in der Gemeinschaft mit Gott *(senkrechte Handbewegung von oben nach unten)* und in der Gemeinschaft mit uns allen *(waagrechte Handbewegung von links nach rechts)*. Mit jedem und jeder, die hier sitzen.

S: Das Abendmahl verbindet uns. Ich bin froh, dass wir es gemeinsam feiern können.

T: Wir reden schon die ganze Zeit vom Essen. Jetzt hab ich auch Hunger gekriegt.

S: Es kann dir nichts schaden, mal auf eine Mahlzeit zu verzichten. *(Klopft T auf den Bauch.)* Du solltest sowieso besser auf deine Figur achten.

T: Hey, das ist echt nicht fair. Meine Trauben sind eben prall gefüllt.

S: Wenn sie so prall gefüllt sind, dann kann ich doch mal eine probieren! *(Geht mit gierigem Blick auf T zu.)*

T: Hey, nein! Das sind meine!!! Bleib weg!

S: Tschüß, Kinder! *(Träuble und Mehlsack verschwinden.)*

Stichworte

Abendmahl, Brot und Kelch, Gemeinschaft, Erinnerung, Kreuz, Stärkung, Kraft und Mut

Susanne Betz

Lukas erzählt Ostern

24.04.2011
(Ostern)
Mit Flügeln der Morgenröte – Frauen finden das neue Leben
(Lukas 24,1–12)

01.05.2011
(Quasimodogeniti)
Geteiltes Brot beim Abendrot – Männer unterwegs mit dem Lebendigen
(Lukas 24,13–35)

Lukas erzählt Ostern, indem er Trauer- und Verlusterfahrungen mit überraschenden Erfahrungen eines neuen Anfangs pointiert verknüpft: die aktiven Frauen und die verharrenden Männer, den Morgen und den Abend, den Tod und Gottes Macht über den Tod, die verlorene Erinnerung an Jesu Worte und ihr neues Verstehen angesichts der Auferweckung, alte Todeswege und Wege ins neue Leben.
Besonders der Morgen, die Morgenröte (vgl. Psalm 139,9ff.) und der Abend, die Abendröte, sind für ihn mehr als nur schlichte Tageszeitangaben: Sie sind Osterzeitzeichen. Zeichen der Neuschöpfung Gottes und Zeichen für die von Gott erfüllte Zeit: Die Nacht leuchtete wie der Tag (Psalm 139,8–10). Erst die Botschaft der Engel öffnet den Frauen am Morgen Augen und Herz und sie kehren beschwingt mit »Flügeln der Morgenröte« nach Jerusalem zurück. Und den beiden Jüngern gehen angesichts der überraschenden Nähe des lebendigen Herrn beim abendlichen Brotbrechen in Emmaus Herz und Augen auf. Beim letzten Abendrot laufen auch sie nach Jerusalem zurück.

Liturgische Gestaltung

Mit Flügeln der Morgenröte – Frauen finden das neue Leben

Zusammenkommen – sich Gott zuwenden
Den ersten Kindergottesdienst dieser Einheit feiern wir am Ostermorgen um 8.00 Uhr gemeinsam mit den Familien an einem besonderen Ort: auf dem Friedhof.
Gerade für Kindergottesdienstkinder, die an der Feier der Osternacht nicht teilnehmen können, ist dieser Ostermorgengottesdienst ein ganz besonderes Erlebnis. Ostereier können im Anschluss zuhause gesucht werden. Oder es schließt sich sogar ein gemeinsames Osterfrühstück an. Glocken laden zum Gottesdienst ein. Der Weg zum Friedhof ist ein besonderer Weg an diesem Ostermorgen. Viele schlafen noch. Es fahren kaum Autos. Die Sonne steht noch tief. Manchmal singen die ersten Vögel. Alle treffen sich vor dem noch geschlossenen Friedhofstor.

LiturgIn: Gottes Frieden sei mit euch allen. Amen.
Wir haben uns auf den Weg gemacht an diesem besonderen Morgen. Wir sind gemein-

sam mit unseren Lieben oder auch allein gekommen. Müde oder ausgeschlafen, fröhlich oder mit traurigen Gedanken, mit schweren Schritten oder auf leichten Sohlen. Schleichend oder im Laufschritt. Manche sogar mit dem Fahrrad. Nun sind wir alle hier. Am Ort des Friedens. Am Friedhof. Menschen fallen uns ein, die hier begraben liegen. Dieser Weg hierher ist kein leichter Weg. Aber Gott kennt alle unsere Wege. Davon lasst uns singen.

Lied: Du, Gott, kennst meine Wege.

Text und Melodie: Bernd Schlaudt, © beim Komponisten

Die Bibel erzählt: Am Morgen des ersten Tages der Woche, am Sonntagmorgen ganz früh, gingen drei Frauen zum Friedhof. Sie sahen nicht das Licht der ersten Morgenröte, sie hörten nicht die Stimmen der Vögel in den Bäumen. Ganz schwer waren ihre Schritte. Schwer ihre Herzen. Voll von Traurigkeit und Schmerz. Jesus war tot. Er wurde gekreuzigt und sein toter Leib wurde in eine Grabhöhle gelegt. Ein schwerer, sehr schwerer Stein wurde vor das Grab gewälzt. Das war am Freitag.
Am Samstag war Ruhetag. Aber heute, heute wollten sie ihrem Herrn nahe sein. Wenigstens dem Grab. Auch wir gehen nun auf den Friedhof. Wir wollen den Toten nahe sein. *(Alle gehen schweigend auf den Friedhof zu einem Platz in der Mitte.)*

Hören – Antworten

Das Licht des neuen Morgens schien. Aber die Frauen sahen das Licht nicht.
Aus ihren Augen strömten Tränen. Ein Meer von Tränen. Kein Licht konnte dieses Tränenmeer durchdringen. Alles in Ihnen war finster. Ihre Hände tasteten ins Leere. Alle guten Gedanken, alle schönen Erinnerungen. Sie waren wie von dunkler Nacht umhüllt. Nicht einmal an die leuchtenden Worte der alten Schriften konnten sie sich erinnern: **(Psalm 139, 8b-10)** »Legten sie mich zu den Toten, siehe, so bist du auch da, Gott. Nähme ich Flügel der Morgenröte und bliebe am äußersten Meer, so würde auch dort deine Hand mich führen und deine Rechte mich halten.«

Wir sprechen diese Worte gemeinsam. – Ich spreche vor und ihr wiederholt das Gesprochene.
Aber die Frauen erinnerten sich nicht daran. In ihnen war es dunkel, wie in einem Grab. Lukas erzählt weiter ...
... Dann fiel der Schein der Morgenröte auf das weiße Gewand der Engel. Zeichen der Liebe Gottes, die stärker ist als der Tod. Wir singen das wunderbare Osterlied: Christ ist erstanden. Dazu stehen wir im Kreis und halten uns sanft an unseren Händen.

Lied: Christ ist erstanden (EG 99)

Und als die Frauen diese Botschaft der Engel gehört hatten, drehten sie um, verließen das Grab und liefen mit »Flügeln der Morgenröte« los. Die unendliche Leichtigkeit des neuen Lebens füllte sie ganz und gar aus.
Davon lasst uns mit unserm ganzen Körper ein Auferstehungslied singen.

Lied mit Bewegungen: Die güldne Sonne (EG 449)

Die güldne Sonne, voll Freud und Wonne	*Arme und Hände mit ausgestreckten Fingern beschreiben einen Bogen links am Körper von unten nach oben*
bringt unsern Grenzen	*Hände vor die Augen halten*
mit ihrem Glänzen	*Hände vor dem Gesicht nach oben öffnen*
ein herzerquickendes, liebliches Licht	*Hände mit wohltuender Bewegung zärtlich auf das Herz legen.*
Mein Haupt und Glieder, die lagen danieder,	*hinhocken und die Arme vor dem Gesicht verschränken*
aber nun steh ich, bin munter und fröhlich,	*schnell aufstehen mit lachendem Gesicht*
schaue den Himmel mit meinem Gesicht.	*beide Arme und Gesicht zum Himmel erheben*

Kurzgeschichte

Beim Osterfrühstück oder bei einer anderen Gelegenheit kann mit dieser Geschichte Erleben der Kinder mit Glaubenstradition verbunden werden.

Warum Ostereier hart gekocht werden

»Papa, mein Osterei ist ganz hart!« Miley klopft wütend mit einem Löffel auf ihr rot gefärbtes Osterei. »Immer sind die Ostereier betonhart. Das ist echt gemein!«
»Finde ich auch« brummt Papa hinter seiner Morgenzeitung. »Aber Ostereier müssen hart gekocht sein.« »Damit sie beim Eiersuchen nicht kaputt gehen?«, fragt Miley gespannt. »Nein, wegen der Trauer.«
Miley schaut mit gerunzelter Stirn zu ihrem Papa. »Was für eine Trauer? Ostern ist doch ein fröhliches Fest!« »Keine Fröhlichkeit ohne Trauer, Miley, und keine Freiheit ohne Leid.« »Papa, du redest völligen Quatsch. Ich verstehe dich überhaupt nicht.«
Mileys Vater legt seine Zeitung auf den Fußboden und setzt sich aufrecht hin. Das macht er immer, wenn er etwas ganz Wichtiges erzählen will. Miley ist gespannt.
»Also«, beginnt der Vater, »hartgekochte Eier zu Ostern gehören zu einer Mahlzeit, die ganz viel mit Trauer zu tun hat. Du kennst doch die Geschichte vom Volk Israel in Ägypten. Viele Jahre mussten sie für den Pharao arbeiten. Doch Gott sah und hörte ihr Elend. Und mit Moses zog das Volk durch das Schilfmeer in die Freiheit. Bis heute feiern jüdische Familien jedes Jahr um Ostern herum ein großes Fest zur Erinnerung an diese Befreiung. Das Passafest.
Und dort gibt es immer auch ein hartgekochtes Ei zu essen. Du weißt ja, Miley, aus einem hartgekochten Ei kann kein Küken mehr schlüpfen, kein neues Leben.
Und so erinnert das Ei an die vielen Kinder, die in der Sklaverei in Ägypten nicht leben durften, weil es der Pharao nicht wollte. Niemals soll diese Härte vergessen werden. Sie ist auch Teil unserer Geschichte, weil wir durch Jesus zum Volk Gottes mit dazugehören dürfen. Und auch heute gibt es viele Kinder, deren leben verhindert wurde. Und obwohl wir seit Ostern glauben, dass Gott auch diese Kinder, wie Jesus, in ein neues Leben ruft, bleibt immer auch eine Traurigkeit.
Miley schweigt lange. Sehr lange. »Jetzt weiß ich auch, warum die hartgekochten Ostereier rot gefärbt werden. Gottes Liebe ist stärker als der harte Tod und stärker als die, die Menschenleben verhindern. Ob das meine Lehrerin auch weiß? Nach den Osterferien frage ich sie.«

Kreative Ideen

Flügel der Morgenröte zu den Gräbern bringen

Kinder und Erwachsene sollen die Leichtigkeit der Osterfreude der Frauen erleben und in Bewegung geraten. Sie sollen wie die Frauen die Osterbotschaft weitertragen. Ein

seelsorglicher Dienst an den Trauernden, der zugleich den Friedhof als Ort des neuen österlichen Lebens erleben hilft.
Alle erhalten zunächst einen »Flügel der Morgenröte« zum Anstecken.
Er ist weiß und hat eine gerötete Spitze.
Auf der Rückseite ist folgender Text aufgedruckt: Mit Flügeln der Morgenröte das neue Leben entdecken. Lukas 24. Frohe Ostern! Der Kindergottesdienst …

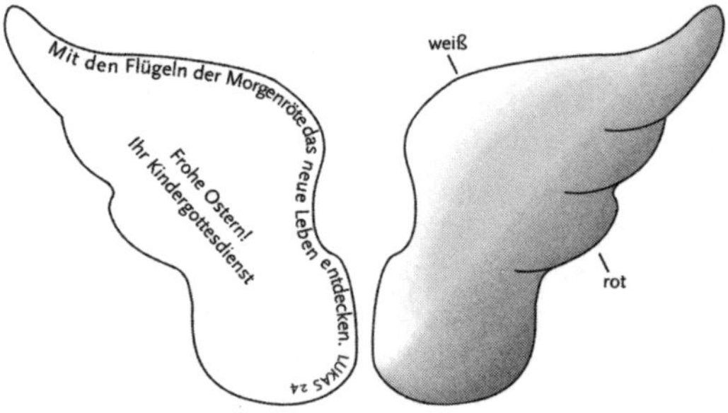

Zeichnungen: Nicole Filges

Nun erhalten alle 3–5 weitere »Flügel der Morgenröte« ohne Anstecknadel.
Geht nun mit den »Flügeln der Morgenröte« zu den Gräbern.
Legt auf jedes Grab einen »Flügel der Morgenröte«. Steckt ihn vorsichtig zwischen die Blumen oder ein wenig in die Erde, so, dass man ihn entdecken kann.
Nun schwärmt aus mit den »Flügeln der Morgenröte«.
Tragt die Osterfreude zu den Gräbern.
Kinder und Erwachsene schwärmen aus. Ein fröhliches Laufen auf dem Friedhof.
Und aufgeregte Stimmen: »Wer wohl die Flügel der Morgenröte entdeckt? Ich gehe nachher mit Oma noch einmal auf den Friedhof. Ob die Besucher/innen die Botschaft begreifen werden? Komm, ich zeige dir einen tollen Flügellandeplatz.«

Geteiltes Brot beim Abendrot – Männer unterwegs mit dem Lebendigen

Die Emmausgeschichte als Stationenweg gestalten

An diesem Sonntag feiern wir Kindergottesdienst mit den Familien am Sonntag um 17.00 Uhr in der Kirche. Nach der bewährten Eingangsliturgie kommen wir im Altarraum zusammen.
LiturgIn: Ich lade euch ein, mit mir einen Osterweg zu gehen. Zwei Männer, von denen Lukas erzählt, sind damals diesen Weg gegangen. Wir gehen nicht so weit, wie sie. Aber wir erleben alles, was sie erlebt haben. Kommt nun, der Weg ist bereitet.

Station 1: Kreuz auf/über dem Altar

LiturgIn (zeigt auf das Kreuz): Am Kreuz beginnt unser Weg. Dort, wo Jesu Weg endete. Und der Weg einer tiefen Freundschaft. Viele Monate waren sie mit Jesus unterwegs gewesen. Alles begann so gut. Doch in Jerusalem ging alles schief. Jesus wurde verhaftet und gefoltert. Sie haben ihn gekreuzigt. Er wurde begraben. Und mit ihm die Freundschaft mit den Jüngern. »Wir haben ihn so im Stich gelassen. Und jetzt ist alles aus und vorbei und tot.«

Lied: Als Jesus gestorben war, da war die Welt so leer (1–2)

Text: Rolf Krenzer; Melodie: Peter Janssens, aus: Kommt alle und seid froh, 1982, © Peter Janssens Musik Verlag, Telgte – Westfalen.

2. Als Jesus gestorben war, da war die Welt so leer.
Die Großen und die Kleine, die konnten nur noch weinen.
Sie hatten ihn nicht mehr.

3. Als Jesus auferstanden war, besiegte er den Tod.
Ihr Großen und ihr Kleinen, ihr braucht nicht mehr zu weinen.
Vorbei ist alle Not.

Zwei Jünger machten sich auf. Sie wollten wieder nach Hause gehen. Zurück nach Emmaus. Wir begleiten sie. *(Alle gehen vom Altar in das rechte Seitenschiff [wenn möglich] oder ein Stück in den Mittelgang.)*

Station 2: Traurig auf dem Weg

(LiturgIn erzählt von dem Weg der Jünger und ihren traurigen Gedanken:) Lasst uns wie die Jünger gehen. Körperhaltungen und Gehschritte gemeinsam ausprobieren und ein Stück weitergehen.

Station 3: Wir sind nicht allein unterwegs

(LiturgIn erzählt von dem fremden Begleiter und zündet eine Kerze an:) Warum seid ihr so traurig? *(Kinder und Erwachsene können Antworten geben.)* Und der Fremde legte ihnen die Schrift aus.

(LiturgIn liest Psalm 139,8–10:) Spräche ich: Finsternis möge mich wie eine Decke zudecken und Nacht statt Licht um mich sein. So wäre auch Finsternis nicht finster bei Dir, Gott. Und die Nacht leuchtete wie der Tag. Wir sprechen diese Worte gemeinsam. Ich spreche einen Satz vor und ihr sprecht diesen Satz gemeinsam: Aber

die beiden Jünger verstanden die Worte nicht. Nur ihr Herz brannte. Sie wussten aber nicht, warum. Zu dritt gingen sie weiter. *(Alle gehen zum Westende der Kirche. Dort steht ein Tisch mit einem Brotteller.)*

Station 4: Brot teilen beim Abendrot
LiturgIn: Als sie in Emmaus ankamen, wurde es schon ein wenig Abend. Sie sprachen zu dem Fremden: Bleibe bei uns, denn es will Abend werden und der Tag hat sich geneigt. Sie luden den Fremden zum Abendbrot ein. Er kam mit. *(Kerze auf den Tisch stellen.)* Und der Fremde nahm das Brot, dankte Gott und brach es und gab es den Jüngern. Brot brechen, alle essen ein Stück davon.
Da gingen den Jüngern die Augen auf: Es ist Jesus. Gott hat ihn auferweckt.
Doch Jesus verschwand vor ihren Augen. Sofort sprangen sie auf und liefen los. Das müssen wir den anderen erzählen. *(Alle gehen im linken Seitenschiff zurück Richtung Altar.)*

Station 5: Brennende Herzen im Abendrot
Im Abendrot der untergehenden Sonne liefen sie, so schnell sie konnten. Brannte nicht unser Herz, als er mit uns redete? *(Alle bekommen ein rotes Herz angesteckt mit der Aufschrift: Der Herr ist wahrhaftig auferstanden.)* Bald waren sie wieder in Jerusalem. Alle gehen vor den Altar. Dort steht ein Kelch mit Traubensaft oder Wein.

Station 6: Aus einem Kelch trinken
(Die Kerze wird auf den Altar gestellt.) LiturgIn: Und sie erzählten den anderen vom geteilten Brot beim Abendrot. Und Jesus kam in ihre Mitte. Wenn wir aus einem Kelch trinken, dann ist Jesus auch hier mitten unter uns. Das hatte er seinen Jüngern versprochen. »Und er nahm den Kelch, dankte Gott und sprach: Dieser Kelch ist der neue Bund in meinem Blut, das vergossen ist zur Vergebung der Sünden. Solches tut, sooft ihr daraus trinket, zu meinem Gedächtnis.« In, mit und unter Brot und Kelch ist der gekreuzigte und auferstandene Herr unter uns gegenwärtig. Wir reichen einander den Kelch mit den Worten: Der Herr ist auferstanden. Er ist wahrhaftig auferstanden.

Lied: Wir gehen weiter auf dem Weg mit Gott (Melodie: We are marching in the light of God), in: Colours of Grace, Gesangbuch der Gemeinschaft Evangelischer Kirchen in Europa, München 2006.

Stichworte
Ostern, Osterei, Abendrot, Abendmahl, Morgenröte, Auferstehung, Trauer, Friedhof, Weg, Essen, Herz, Flügel

Dirk Schliephake

Neige deine Ohren zu mir! Wir entdecken uns selbst in den Psalmen

08.05.2011
(Misericordias Domini)
»Ich weine bitterlich.« –
Worte der Klage

15.05.2011
(Jubilate)
»Du bist mein Helfer!« –
Worte des Vertrauens

22.05.2011
(Kantate)
»Mein Herz ist fröhlich.« –
Worte der Freude

Warum Psalmen für uns so kostbar sind

Psalmen sind Gebete, die durch Jahrtausende das Leben von Juden und Christen begleitet, geprägt und zum Ausdruck gebracht haben. Darum ist es notwendig, sich bei der Vorbereitung der Reihe einigen Gedanken zum Beten mit eigenen und fremden Worten zu stellen: Wenn ich ein persönliches Gebet spreche, dann sind es meine Gedanken in meinen Worten, die ich an Gott richte. Wenn ich einen Psalm bete, dann sind es Worte und Gedanken anderer Menschen, die ich aufgreifen und denen ich nachgehen kann. In dem Psalm werden dann auch Worte sein, die mir nicht ohne Weiteres in den Mund passen. Worte, die irritieren, bitter schmecken oder auch zu süß. Worte, die mir nichts sagen oder die mir fremd sind. Aber auch Worte, nach denen ich immer gesucht hatte; Worte, die etwas ausdrücken, wofür ich selbst keine Sprache hatte: Jubel, in einem Ausmaß, das ich nicht kannte; Wut in einer Tiefe, wie ich sie nicht auszusprechen wagte; Klage in einem Schrei, den ich mir nicht zutraute.
Wenn wir uns mit Kindern auf Spurensuche in den Psalmen begeben, dann müssen wir das als Hintergrund festhalten: Es geht nicht darum, einen Psalm von Anfang bis Ende als »eigenes« Gebet anzunehmen. Vielmehr hören und sprechen wir einen Psalm als Gebetstext anderer Menschen und Generationen. Das tun wir respektvoll, aufmerksam und liebevoll. Und vielleicht entdecken wir dann etwas, das auch zum eigenen Gebet werden kann.
Wenn ich mich den Psalmen auf diese Weise annähere, dann wird deutlich, dass es nicht gut tut, Teile als »unbrauchbar« wegzulegen, nur weil mir die Worte nicht passen. Jemand sagte einmal sinngemäß: »Wenn ich die Schreie der Wut und der Klage aus einem Psalm herausschneide, weil ich meine, so könne man doch im Gottesdienst und mit Gott nicht reden, dann mache ich wiederum genau jene Menschen mundtot, die Grund haben, so zu schreien und zu klagen. Ich schneide diese Menschen sozusagen aus unserer Gottesdienstgemeinde heraus, wenn ich ihre Worte herausschneide.« Für die Kirche mit Kindern heißt dies: Auch in unserer Welt gibt es Kinder, die Grund hätten, voller Wut zu schreien und zu klagen. Oft genug sind sie stumm gemacht. Geben wir ihnen wenigstens dadurch Raum, dass wir auch Psalmtexte sprechen, die diese Erfahrungen in Worte fassen! Und ebenso geben wir dann mit Psalmen auch dem Jubel, Dank und Lob Gelegenheit, Ausdruck zu finden.

Liturgische Gestaltung

Zusammenkommen – sich Gott zuwenden

Ein Psalm im Gottesdienst

In jedem Gottesdienst dieser Reihe sollte ein Psalm in Gänze gelesen werden. Ich schlage vor, dazu bei aller Fremdheit dennoch den Luthertext zu nehmen. Denn die meisten Übertragungen sind eher »weichgespült«. Weil wir im Gottesdienst keine Leseübung machen, sollte diese Aufgabe von Mitarbeitenden übernommen werden und sorgfältig vorbereitet sein. Das Hören auf den Psalm muss mit einleitenden Worten vorbereitet werden.
Vorschläge:

1. Sonntag: Psalm 6
Einleitung: Wir hören gleich die Worte eines Gebetes, das mehr als 2000 Jahre alt ist. Wer es zuerst aufgeschrieben hat, weiß niemand. Und auch von all den Menschen, die diese Worte als ihr Gebet aufgenommen haben, wissen wir nichts. Aber wenn ihr gleich aufmerksam hinhört, dann könnt ihr euch bestimmt etwas vorstellen. Es sind schwere Worte, auch traurige Sätze. Sie sind für Gottes Ohren bestimmt. Und wir dürfen mithören.

2. Sonntag: Psalm 3
Einleitung: Auch heute hören wir die Worte eines Psalms. Ein Gebet, das mehr als 2000 Jahre alt ist. Vielleicht hat der jüdische König David ihn aufgeschrieben. Auf jeden Fall spricht da ein Mensch, der bedroht wird. Und ich könnte gut verstehen, wenn er zittert und sich verkriecht und schlaflose Nächte hat. Aber dieser Mensch sagt: »Ich liege und schlafe und erwache; denn der HERR hält mich.« Furcht und Bedrohung kann ihn nicht zerstören. Hört nun sein ganzes Gebet, den Psalm 3.

3. Sonntag: Psalm 150
Einleitung: Heute hören wir noch einmal einen Psalm. Es ist der letzte in dem Buch der Psalmen in der Bibel. Das ist ein toller Abschluss, denn es ist ein riesengroßer Jubel, auch wenn es nur wenige Sätze sind. Darum hat dieser Psalm die Überschrift bekommen: »Das große Halleluja!« Wenn der Psalm zu Ende ist, singen wir gemeinsam unser großes Halleluja, EG 182 oder ein anderes vertrautes und beliebtes Halleluja.

Kurzgeschichte

Die folgende Kurzgeschichte bietet ein Beispiel, wie ein »alter« Psalm ganz neu mitten im Leben seinen Platz hat. Sie mag anregen, selbst Geschichten zu erzählen, in denen ein Psalm lebendig wird.

Eine unserer Tanten war Diakonisse mit Leib und Seele. Trotz der freieren Kleiderordnung ihres Verbandes wäre es ihr nie in den Sinn gekommen, etwas anderes als ihre Diakonissen-Tracht zu tragen. Zum ersten Mal machte sie mit etwa 70 Jahren allein in der Schweiz Urlaub. Sie erzählte uns: Und dann bin ich einen Tag lang gewandert, allein, an einem wunderschönen Sonnentag. Da stand ich dann auf einer Hochalm-Fläche, rundherum die großartigen Berge, schneebedeckt, majestätisch, gewaltig. Es war ganz still. Überwältigend! Und da habe ich laut gerufen und gesungen und getanzt: »Herr, unser Herrscher, wie herrlich ist Dein Name in allen Landen, der Du zeigst Deine Hoheit am Himmel!«

Unsere Tante konnte den ganzen Psalm 8. Und noch als sie uns diesen Moment erzählte, strahlten ihre Augen, und wir bekamen eine Ahnung davon, was sie dort auf der Almwiese bewegt hat. Für sie war in dem Augenblick der uralte Psalm der einzig passende Ausdruck für alles, was sie erfüllte. Und dann meinte sie: »Gut, dass ich dort ganz allein war. Wenn mich jemand gesehen und gehört hätte, hätten sie mich wohl für verrückt gehalten.«

Unsere Tante ist lange verstorben. Aber diese kleine Geschichte von ihr habe ich nie vergessen. Und manchmal, wenn ich in einer Berglandschaft unterwegs bin, geht es mir durch den Kopf: »Herr, unser Herrscher, wie herrlich ist dein Name in allen Landen, der du zeigst deine Hoheit am Himmel!« Das auch laut zu rufen, zu singen und zu tanzen – das habe ich (noch) nicht gewagt.

Kreative Ideen

Die folgenden kreativen Ideen wollen Kindern ermöglichen, Psalmworte mit ihren eigenen Gedanken zu verbinden, Sprache und Ausdruck für sich selber zu finden. Ihnen werden schwierige Worte nicht vorenthalten, aber erste Schritte ermöglicht, auch Bildworte für sich zu erschließen. Aus den Ergebnissen der Gruppen kann etwas Bleibendes werden: Teil einer Liturgie an einem anderen Sonntag, Teil einer Raumgestaltung. Auch das trägt zur Wertschätzung der Psalmen bei.

1. Sonntag: Worte der Klage – Annäherung an das, was schwer zu sagen ist

- *Vorbereiten:*
  Je Kind einen Bogen Malpapier (mindestens DIN A3) und eine Auswahl an gutem Malwerkzeug, wenn möglich auch Nassfarben.
  Ein Klebestift.
- Auf Kärtchen wird jeweils ein klagender/anklagender Satz aus einem Psalm gut leserlich aufgeschrieben. Dazu werden möglichst bildhafte Worte ausgesucht.

Einige Vorschläge (weitere siehe »Plan für den Kindergottesdienst 2010–2012«, herausgegeben vom Gesamtverband für Kindergottesdienst in der EKD, S. 149ff). Für den Fall, dass mehrere Kinder denselben Satz auswählen möchten, sollten Kopien bereitgehalten werden!

Wie lange willst du dich vor mir verstecken? (Psalm 13,2)	*Ich bin ausgeschüttet wie Wasser. (Psalm 22,15)*	*Vater und Mutter haben mich verlassen. (Psalm 27,10)*
Ich höre, wie viele über mich lästern. (Psalm 31,14)	*Sie haben eine Grube für mich gegraben. (Psalm 57,7)*	*Meine Zunge klebt mir am Gaumen. (Psalm 22,16)*
Ich bin ein Wurm, kein Mensch mehr, von den Leuten verspottet und verachtet. (Psalm 22,7)	*Ich bin verstummt und still und schweige fern der Freude und muss mein Leid in mich fressen. (Psalm 39,3)*	*Meine Knochen fallen auseinander. Mein Herz ist wie Wachs, es schmilzt mir im Körper. (Psalm 22,15)*
Ich habe mehr Fehler als Haare auf dem Kopf. (Psalm 40,13)	*Du hast uns zerbrochen: Nun stell uns wieder her! (Psalm 60,3)*	*Wenn du Menschen lieb hast, denk auch an mich! (Psalm 106,4)*
Ich bin so müde vom Seufzen; ich schwemme mein Bett die ganze Nacht und netze mit meinen Tränen mein Lager. (Psalm 6,7)	*Ich versinke in tiefem Schlamm, wo kein Grund ist. Ich bin ins tiefe Wasser geraten und die Flut will mich ersäufen. (Psalm 69,3)*	*Denn als ich es wollte verschweigen, verschmachteten meine Gebeine durch mein tägliches Klagen. (Psalm 32,3)*
Herr, warum stehst du so ferne, verbirgst dich zur Zeit der Not? (Psalm 10,1)	*Höre mein Gebet, Herr, und vernimm mein Schreien, schweige nicht zu meinen Tränen. (Psalm 39,13)*	*Mein Leben ist hingeschwunden in Kummer und meine Jahre in Seufzen. (Psalm 31,11)*

Vorgehen:

1. Gespräch darüber, dass es im Leben eines Menschen manchmal Grund gibt, laut aufzuschreien und zu klagen. Wie schwer es ist, dafür Worte zu haben. Dürfen wir Gott klagen? ...

Ziel: Ja, wir dürfen klagen. Wir dürfen unsere Wut und Enttäuschung, unsere Hilflosigkeit und Angst hinausschreien. Sätze aus manchen Psalmen helfen uns, Worte dafür zu finden.

2. Die Psalmworte von den Karten vorlesen. Reaktionen ermöglichen.
3. Angebot zur Vertiefung: Wähle einen der Sätze aus. Nimm die Farben, die du willst und male zu dem Wort. Vielleicht willst du eine Situation malen, in der der Satz gesprochen werden könnte. Vielleicht willst du mit Farben die Gefühle ausdrücken, die du bei dem Satz hast oder die in dem Satz drinstecken. Vielleicht möchtest du auch ein Stück aus dem Satz noch mal ganz anders schreiben, wie ein Graffiti oder so. Klebe dein Kärtchen mit dem Satz in dein Bild hinein, wo du es möchtest. Du musst dein Bild später nicht erklären. Aber es wäre schön, wenn die anderen Kinder es sich in Ruhe ansehen dürfen.

2. Sonntag: Worte des Vertrauens – Gott, Du bist für mich wie ...

Vorbereitet:

a) Kärtchen mit dem Satzanfang: Gott ist für mich wie ...;
b) Schreibzeug für alle Kinder.
c) Ein farbiger großer Tonkarton-Bogen mit der Überschrift:
Auf Gott kann ich vertrauen, denn ...

Einstieg: Gespräch über Worte, mit denen wir versuchen, etwas von Gott zu erzählen, auf den wir vertrauen: Manche Psalmen versuchen es so: Gott, Du bist wie eine Burg. Du bist wie ein Fels. Du bist wie ein Helfer ...

Aufgabe zur Vertiefung: Wir suchen nach eigenen Worten: Gott ist wie ...

Gibt es Worte aus der Tierwelt? Aus der Pflanzenwelt? Aus der Technik? Worte aus der Welt der Gefühle? Der Landschaften? Oder noch ganz andere.

Kinder schreiben die Worte auf, immer eines auf eine Karte. Alle Karten werden in eine Schale gelegt, auch die vorbereiteten Worte aus Psalmen. Nacheinander ziehen die Kinder eine Karte und lesen sie laut vor. Wer mag, kann zu dem Gelesenen einen Gedanken äußern.

Zum Abschluss werden alle Karten auf den farbigen Karton geklebt. Vielleicht möchten die Kinder sie in einer bestimmten Weise anordnen (wie eine Sonne, wie einen Weg o. a.) oder das Ganze noch malend gestalten. Das sollte möglich sein, wenn die Zeit ausreicht.

3. Sonntag: Worte der Freude – Jubeln mit allen Möglichkeiten, die wir haben

a) Psalm 150 lässt sich sehr gut mit dem Liedvers »Alles, was Odem hat«, EG RWL 693 gestalten. Mit vielen Kindern kann dieser Vers als Kanon gesungen werden. Bewegungen zu dem Liedvers finden Kinder sehr leicht, wenn man sie mit dem Inhalt verknüpft:

Erste Zeile: Alles, was Odem hat ...	Einatmen	Bewegung nach oben
Zweite Zeile: ... alles, was Odem hat ...	Ausatmen	Bewegung nach unten
Dritte Zeile: ... lobe den Herrn.	Loben	Tanzschritte

Vielleicht fallen den Kindern Bewegungen ein, mit denen Sie nicht gerechnet haben. Greifen Sie sie auf und probieren Sie es! Das Lob ist vielfältig möglich.
Der Psalm wird nun versweise gelesen und dazwischen wird das Lied immer in einer anderen Gestaltung gesungen und bewegt. Vielleicht entsteht daraus eine Psalmfassung, die in einem späteren Kinder- oder Familiengottesdienst wieder aufgegriffen wird.

b) Der Aufbau des Psalm 150 lädt dazu ein, ihn weiter zu dichten: Lobet Gott mit ... Wer Instrumente zur Verfügung hat, kann damit eine Fassung entwickeln: Nach jeder Nennung erklingt diese Instrument mit ein paar Tönen oder einer kleinen Melodie. Und natürlich kann ich Gott auch loben mit Klatschen, Trampeln oder einer »Rakete« wie im Karneval, mit Pfeifen und Summen und auch mit Stille.

Zum Abschluss wird das Lied »Alles was Odem hat« oder ein anderes Jubellied gesungen.

Alle drei Sonntage verbinden
Die Bilder des ersten Sonntages (Klage) werden an einer Wand als Grundlinie angeordnet. Darüber das Bild vom 2. Sonntag (Vertrauensworte). Zum Jubelpsalm des dritten Sonntags wird, nachdem er erlebt wurde, ein buntes Bild gemacht. Dazu erhält jedes Kind nur *eine* Farbe (gute Wachsstifte). So kann in Zusammenarbeit ein Bild entstehen, zu dem jeder und jede etwas beiträgt.

Stichworte
Beten, Liturgie, Gefühle, Lob, Dank, Klage, Trauer, Lebenserfahrungen

Brigitte Messerschmidt

Ich glaube an Gott, den Vater, den Sohn und den Heiligen Geist

29.05.2011
(Rogate)
Gott, der aus der Knechtschaft befreit
(2 Mose 3,1–14)

02./05.06.2011
(Himmelfahrt/Exaudi)
Der Sohn, der auferstanden ist
(Lukas 24,36–53)

12./13.06.2011
(Pfingsten)
Der Heilige Geist, der zum Leben befreit
(Apg 2,1–13)

19.06.
(Trinitatis)
Den Glauben an den dreieinigen Gott bekennen
(2 Kor 13,13)

Die Kinder lernen im Frühling an drei aufeinanderfolgenden Festtagen den Glauben an den dreieinigen Gott kennen. Die liturgischen Bausteine folgen den biblischen Geschichten und greifen jüdische und christliche Festkultur auf: Passahfest, Himmelfahrt und Pfingsten. Im Kindergottesdienst feiern wir Befreiung, wenn wir mit dem Volk Israel der Wundertat Gottes gedenken, der sein Volk aus der Knechtschaft aus Ägypten geführt hat. Wir feiern Befreiung, wenn wir mit den Kindern dem segnenden Auferstandenen begegnen, der den Tod besiegt hat. Wir feiern Befreiung, wenn wir erfahren, wie der Heilige Geist Mauern einreißt zwischen Menschen und kreative Gemeinschaft stiftet. An Trinitatis feiern wir den Höhepunkt dieser Festzeit.
Der Segen Gottes zieht sich als roter Faden durch Bibelgeschichten und Liturgie. Mal- und Bastelangebote entfalten Befreiung, Freude und Gemeinschaft.

Liturgische Gestaltung

Zusammenkommen – sich Gott zuwenden

Psalmgebet mit Bewegungen nach Psalm 84
(Zwei Personen stehen sich gegenüber)

Kehrvers:	Ein Glück,	*(sich gegenseitig in die Hände klatschen)*
	mein Gott,	*(Arme hoch recken in lobender Haltung)*
	dass ich	*(auf sich selbst zeigen)*
	bei Dir	*(in den Himmel weisen und nach oben sehen)*
	geborgen bin.	*(sich selbst umarmen und den Kopf neigen)*

Strophe 1: Bei Dir, Gott, fühle ich mich zu Hause.
Meine Seele sehnt sich danach, bei Dir zu wohnen, Leib und Seele freuen sich in dem lebendigen Gott.
Der Vogel hat ein Haus gefunden und die Schwalbe ein Nest für ihre Jungen.

Du bist da und breitest Deine Flügel schützend darüber.

Kehrvers

Strophe 2: Selbst in einem dürren Tal kannst Du lebendige Quellen sprudeln lassen. Wie bei erstem Licht der Morgentau überall funkelt, so hüllst Du uns ein in Segen. Von Dir her bekomme ich immer wieder Kraft, Berge zu erklimmen, Du wartest auf dem Gipfel und ziehst mich zu Dir.

Kehrvers

Strophe 3: Gott, mein Gott, höre mein Gebet, sieh mich an, Du hast mich gesalbt.
Gott, Du bist Sonne und Schild; Du gibst auf uns Acht, weil Du uns liebst.
Ein Glück, dass ich mich darauf verlassen kann. Amen.

Aus: Kerstin Othmer-Haake: Der Mensch lebt nicht vom Brot allein. 7 Taufgottesdienste mit Symbolen und vielen Gestaltungsideen, Luther Verlag, Bielefeld und Verlag Junge Gemeinde, Leinfeld-Echterdingen 2007, S. 107 (gekürzt).

Hören – Antworten

Mein Credo – wir formulieren eigene Glaubenssätze. Ein Beispiel:
Ein persönliches Glaubensbekenntnis
Ich glaube an Gott wie an einen Wächter, der mich beschützt und mich bewacht.
Ich glaube an Jesus, wie an einen großen Bruder, der mit mir auf dem langen Weg durchs Leben vorangeht.
Ich glaube an den Heiligen Geist wie an eine innere Stimme, die mir sagt, wann ich lieber etwas tun oder lassen sollte.
Arne Schnitt (10 Jahre), Morningen

Aus: Peter Rosien (Hg.): Mein Credo. Persönliche Glaubensbekenntnisse, Kommentare und Informationen, Bayreuth 1999, S. 58.

Feiern – Teilen

Befreiung feiern – Passamahlliturgie nach jüdischem Vorbild

Vorbereitung: Tisch decken mit Tischdecke, Blumen, Teller, Becher, Löffel, Servietten, Kerzen, Schalen mit Kräutern, klein geschnittene Rohkost, Mazzen, Salzwasser, Zimt-Mandel-Apfelmus, Krüge mit Traubensaft. Rollen einteilen: ein Hausherr oder eine Hausherrin, ein jüngstes Kind, zwei Mundschenke, die auf Zuruf viermal gleichzeitig bei allen Traubensaft nachfüllen, KantorIn, der/die auf Zuruf die Lieder anstimmt.

Feier: Alle singen ein Lob- oder Danklied. HausherrIn nimmt einen Becher Saft und sagt: »Halleluja, ihr Knechte und Mägde des HERRN, lobet den Namen des HERRN! Gelobt sei der Name des HERRN von nun an bis in Ewigkeit! Vom Aufgang der Sonne bis zu ihrem Niedergang sei gelobet der Name des HERRN!« (nach Psalm 113,1–3)

Alle trinken den Traubensaft. HausherrIn nimmt ein Stück Mazze und sagt: »Wer ist wie der HERR, unser Gott, im Himmel und auf Erden? Der oben thront in der Höhe, der hernieder schaut in die Tiefe, der den Geringen aufrichtet aus dem Staube und erhöht den Armen aus dem Schmutz, dass er ihn setze neben die Fürsten seines Volkes. Der die Unfruchtbare im Hause zu Ehren bringt, dass sie eine fröhliche Kindermutter wird. Halleluja.« (nach Psalm 113,5–9)
HausherrIn teilt die Mazze in zwei Stücke, ein Stück legt sie in eine Serviette. Das andere Stück verteilt sie an alle. Alle essen. Ein Dialog zwischen HausherrIn und jüngstem Kind der Tischgemeinschaft findet statt.
Frage des jüngsten Kindes an die/den HausherrIn: »Was unterscheidet diese Nacht von allen anderen Nächten? Warum essen wir in dieser Nacht ungesäuerte Brote? Warum essen wir in dieser Nacht bittere Kräuter? Warum tauchen wir in dieser Nacht unser Gemüse in Salzwasser?« Antwort des/r Hausherren/herrin: »Sklaven waren unsere Vorfahren im Lande Ägypten. Der Pharao bedrückte sie hart. An diese bittere Zeit denken wir, wenn wir jetzt die Bitterkräuter essen. An die vielen Tränen denken wir, wenn wir das Gemüse in Salzwasser tauchen. Wir denken so daran, als ob wir selbst dabei gewesen wären. Wir mussten Ziegel aus braunem Lehm formen. An diesen Lehm erinnert uns der braune Brei.« Es wird noch einmal Traubensaft eingeschenkt. HausherrIn sagt: »Halleluja, ihr Knechte und Mägde des HERRN, lobet den Namen des HERRN! Gelobt sei der Name des HERRN von nun an bis in Ewigkeit! Vom Aufgang der Sonne bis zu ihrem Niedergang sei gelobet der Name des HERRN!«
Alle singen ein Loblied. Alle trinken. Alle essen. Noch zweimal wird für alle Traubensaft eingeschenkt und der/die HausherrIn spricht das Halleluja.
Beim letzten Mal verteilt er/sie die zweite Hälfte des Mazzen an alle und wenn alle gegessen haben, sagt er/sie: »Danket, danket dem Herrn, denn er war sehr freundlich und seine Güte währet ewiglich. Amen.« (Psalm 107,1)
Alle singen ein Lob- oder Danklied.

Kurzgeschichte

Die autobiographische Erzählung ist eine Befreiungsgeschichte. Sie erzählt zunächst, wie Leistungsdruck und Einsamkeit krank machen. Im Sinne einer Rechtfertigungslehre Martin Luthers spricht der Segensspruch die Verfasserin gerecht, lässt sie Heilung erfahren und macht sie frei von einem falsch verstandenen Leistungsdenken. Dies können Schüler und Schülerinnen in Zeiten von PISA und Bologna-Reform an dieser Geschichte erfahren.

Nur noch mein Examen ...

Nur noch das Examen lag vor mir, die große Abschlussprüfung. Dann sollte mein Studium beendet sein. Ich hatte wirklich viel gelernt. In Lerngruppen mit Mitstudentinnen und -studenten und alleine. Viele Texte hatte ich schon zuhause an meinem Computer geschrieben und zu den Prüferinnen und Prüfern geschickt. Vorher hatte ich viel in der Universitäts-Bibliothek gesessen, Bücher gelesen und Hefte und Blöcke vollgeschrieben. Bis mir der Schädel rauchte. Vieles war geschafft. Jetzt nur noch der Endspurt. Am Ende würde ich in einem Haus in vielen Zimmern geprüft werden. Ich wusste, ich würde dann von Zimmer zu Zimmer gehen und in jedem Zimmer wartete eine Gruppe von fremden Frauen und Männern auf mich, die mit mir über ein wichtiges Thema sprechen wollten. Das war die Prüfung. Das wusste ich. Es war nicht mehr viel Zeit.

Meine Mitbewohner und Freunde waren übers Wochenende zu ihren Familien gefahren. Ich war allein, allein in meinem Zimmer. Meine eigene Familie – weit weg. Nur noch ein Wochenende und wenige Tage. Dieses Wochenende war wichtig, das wusste ich.

Auf einmal wurde mir übel. Ich bekam schreckliche Kopfschmerzen. Egal, ob Schreibtischlampe oder Sonnenlicht – Licht tat weh, sehr weh in meinen Augen. Wie sollte ich da nur lesen und schreiben, von Denken und Lernen ganz zu schweigen? Ich war verzweifelt. Umso verzweifelter ich wurde, umso schlimmer wurden die Kopfschmerzen. Umso schlimmer die Kopfschmerzen wurden, umso weniger konnte ich lernen. So kam es, dass ich an diesem wichtigen Wochenende vor den Prüfungen am helllichten Tag im Bett lag. Das Zimmer war abgedunkelt und ich konnte nichts tun. Nur weinen. Mittlerweile hatte ich wirklich Angst, die Prüfungen nicht zu bestehen. Noch nicht einmal Schlafen war möglich. Ein schlimmer Zustand. In meinem Dämmerzustand kam mir auf einmal etwas in den Sinn. »Der Herr segne dich und behüte dich.« Was sollte das sein? Ein Spruch, ein Liedvers? »Der Herr segne dich und behüte dich. Er lasse sein Angesicht über dir leuchten und sei dir gnädig.« Nein, ein Segen war es. »Der Herr segne dich und behüte dich. Er lasse sein Angesicht über dir leuchten und sei dir gnädig. Er erhebe sein Angesicht auf dich und gebe dir Frieden. Amen.« Es war ein Segen, den ich früher einmal in einem Gottesdienst gehört hatte.

Langsam wurde ich ruhiger, mein Atem regelmäßiger. Die Kopfschmerzen hämmerten nicht mehr ganz so heftig an meine Stirn. Ich sagte ihn mir vor, immer, immer wieder, ganz langsam und ruhig, den Segensspruch. »Der Herr segne dich und behüte dich. Er lasse sein Angesicht über dir leuchten und sei dir gnädig. Er erhebe sein Angesicht auf dich und gebe dir Frieden. Amen.«

»... und gebe dir Frieden.« Dann war ich selber ruhig, ganz und gar. Ich wusste: Das war das Wichtigste und nicht mehr die Prüfungen. Egal, wie die laufen würden, eins war klar: »Ich bin gesegnet«.

Julia Neuschwander

Kreative Ideen

Befreiung malen: Bilder zu Psalm 124,7 »Unsere Seele ist entronnen wie ein Vogel dem Netze des Vogelfängers; das Netz ist zerrissen und wir sind frei.«
Material zum Malen: z. B. große Bögen hochwertigen Papiers, Pastellkreiden, Fixativ.

Der Psalmvers wird vorgestellt. Die Kinder versetzen sich in die Gefühle des Vogels hinein. Es ist ihnen freigestellt, an welchem Punkt der Befreiung sie sich selbst sehen wollen. Sie werden ermutigt, ihre eigenen Gefühle auszudrücken. Sie beschreiben die Gefühle des Vogels: kurz vor der Befreiung, nach der Befreiung, Kinder spielen den Vogel, beschreiben die Farben, die sie sehen.
Kinder malen in kreativer Offenheit Bilder zum Psalmvers und verleihen so der eigenen Befindlichkeit Ausdruck.
Befreiungslied: Wir haben Gottes Spuren festgestellt, EG 665/Baden, Elsass, Lothringen, Pfalz, bes. Strophe 2.
Loblied: Halleluja, preiset den Herrn, aus: Das Kindergesangbuch.

Auferstehungs-Kreuz basteln

Foto: Urd Rust

Das Kreuz bringt neues Leben, symbolisiert das bunte Auferstehungskreuz, wird zum Zeichen der Freude. Um zwei über kreuz gebundene Stöckchen werden bunte Wollfäden gespannt, bis eine viereckige Fläche gewoben ist.
Material: zwei Holzstöckchen, bunte Wollfäden.

Rote Pfingstrosen basteln

Foto: Urd Rust

In der Farbe des Heiligen Geistes gestalten Kinder und Erwachsene große üppige Pfingstrosen, die auf jeden Tisch pfingstliche Festfreude zaubern.
Material: rote Papierservietten, Blumendraht, grünes Krepp-Papier, Schnur.
Eine Papierblume aus den roten Servietten herstellen, indem mehrere Servietten übereinander in der Mitte zusammengebunden und dann auseinandergezupft werden. Einen doppelten Blumendraht daran befestigen und mit grünem Krepp-Papier zum Blumenstängel umwickeln. Blätter aus dem Blumendraht formen, am Stiel befestigen, den mit Krepp umwickeln.

Bildbetrachtung »Trinity«

Im Internet findet man ein Bild eines Dreifachringes. Es ist ein modisches Symbol für Trinität und so ein überraschender Impuls zur Dreieinigkeit. Einleitende Fragen: Was seht ihr? Einen oder drei Ringe? Wie sind die Ringe miteinander verbunden? Welcher der einzelnen Ringe könnte für Vater, Sohn, Heiligen Geist stehen und warum?

http://www.cartier.de/de/uhrmacher-juwellier/cartier-ring-trinity

Lied: »Wir sind hier zusammen in Jesu Namen, ..., aus: Kerstin Othmer-Haake, Der Mensch lebt nicht vom Brot allein, Leinfeld-Echterdingen 2007.

Stichworte
Knechtschaft, Befreiung, Freude, Segen, Gott, Jesus, Kreuz, Auferstehung, Heiliger Geist, Gemeinschaft, Rot, Dreieinigkeit

Julia und Ralf Neuschwander

wieder am Anfang

26.06.2011
(1. Sonntag nach Trinitatis)
Die Sehnsucht erwacht – Jerusalem, ich vergesse dich nie
(Nehemia 1–2,10+4)

03.07.2011
(2. Sonntag nach Trinitatis)
Alles muss neu beginnen – Der Herr ist eure Stärke
(Nehemia 5)

10.07.2011
(3. Sonntag nach Trinitatis)
Höre Israel – Ich bin mit dir
(Nehemia 8)

Die Stadt Jerusalem war zerstört worden und mit ihr der Tempel. Doch die babylonischen Eroberer beließen es 587 v.Chr. nicht dabei, sondern deportierten auch den Großteil der judäischen Oberschicht nach Babylon. Die einfache, verarmte Bevölkerung blieb im Land.
48 Jahre später (539 v.Chr.) musste die babylonische Vorherrschaft der Macht der Perser weichen. Kyrus, König von Persien (und Medien), verfolgte nun eine andere Politik. Er respektierte die Eigenheit der unterworfenen Völker und gab den Judäern in Babylon die Freiheit, in ihre Heimat zu ziehen. Er förderte sogar den Wiederaufbau des zerstörten Tempels in Jerusalem mit staatlicher Hilfe (beschrieben im Buch Esra, das ursprünglich zum Buch Nehemia gehörte).
Doch wirtschaftlich ging es den Judäern – wie am Beispiel des Nehemia deutlich – im Exil nicht schlecht, so dass sie keine Eile zeigten, in die unsicheren Verhältnisse in Jerusalem zurückzukehren. 18 Jahre vergingen, bis der Tempel in Jerusalem begonnen wurde. Am 1. April 515 wurde er wieder eingeweiht.
Immer noch blieb ein Großteil der Judäer im Exil, denn die Armut rund um Jerusalem verlockte nicht gerade dazu, die größeren Möglichkeiten in der neu gefundenen Heimat aufzugeben.
Der Wiederaufbau der Stadt Jerusalem ging erst Jahre später weiter. Nehemia, einer der Reicheren, wurde 445 v.Chr. vom persischen König als Stadthalter eingesetzt. Er verfolgte den Wiederaufbau der Stadtmauer und die Wiederbesiedlung der Stadt.
Endlich – etwa 100 Jahre nachdem König Kyrus den Judäern die Rückkehr ermöglicht hatte, war die Stadtmauer von Jerusalem wiederhergestellt. Der neue Anfang war geschafft. Die judäischen Rückwanderer hatten das Gemeinwesen neu gegründet.
Die drei Themen und »Stimmungen« der Texte sollen in den Gottesdiensten deutlich werden: Hoffnung, Mühe, Aufbau, neue Perspektiven, Dank, Fest und Feier. Erlebnis mit allen Sinnen soll möglich sein.

Liturgische Gestaltung

Zusammenkommen – sich Gott zuwenden (für die gesamte Einheit)

Gebet nach Psalm 18 mit Kehrvers und Loblied

Kehrvers: Ich habe Dich lieb, mein Gott,
denn durch Dich bin ich stark!

Du bist für mich wie ein Felsen,
auf den ich mich stützen kann,
wie eine Burg,
in der ich sicher wohne.
Kehrvers
Gott, Du beschützt mich
und hilfst mir.
Wenn ich zu Dir rufe,
dann hörst Du mich.
Kehrvers
Wenn ich Angst habe,
reichst Du mir Deine Hand.
Rings um mich wird alles hell und frei.
Du hilfst mir, weil Du mich liebst.
Kehrvers
Du gibst meinem Körper Kraft
und lässt mich sicher stehen.
Du machst meine Füße flink
und meine Hände geschickt.
Kehrvers
Darum will ich Dir singen:

Loblied Ich lobe meinen Gott, der aus der Tiefe mich holt, damit ich lebe … (erster Sonntag Strophe 1, zweiter Sonntag Strophe 2, dritter Sonntag Strophe 3), in: Das Kindergesangbuch, München.

Hören – Antworten – Gestalten (für die gesamte Einheit)

»Lied der Bauleute«

»Der Schutt nimmt ja doch nie ein Ende, / wir haben schon ganz lahme Hände!
Wir sind viel zu müde und matt, / zu bauen die Mauer der Stadt.«

Text: Gute Nachricht Bibel, Nehemia 4,4; Melodie: © Gudrun-Luise Helm 2010

Sendung – Segen (für die gesamte Einheit)

Segen
Gott segne dich und beschütze dich.
Er sei dir ein starker Fels und eine sichere Burg.
Er schenke dir Kraft
und halte dich fest in seiner Hand. Amen.

Kurzgeschichte

Am ersten Sonntag kann innerhalb des Spiels einer der Texte vorgelesen werden: Nehemia an den Ruinen der alten Mauer

Es war Nacht. Im bleichen Mondschein, der die Ruinen gespenstisch beschien, suchte sich ein Mann auf einem Maulesel einen Weg durch die verwüstete Stadt. Er ritt durch das Taltor und wandte sich dann in Richtung Drachenquelle und Aschentor. Er betrachtete die Bruchstücke der Mauer und die schwarz versengten Tore. Als sei er auf geheimer Mission, zog er leise weiter.
Er ritt zum Quelltor und dem Königsteich, wo die Schuttberge derart hoch waren, dass

sein Reittier nicht mehr vorankam. Zu Fuß stieg er durch das Tal hinauf, um die Mauer in Augenschein zu nehmen, und kehrte bald daraufhin wieder über das Taltor zurück. In Persien hatte er von seinem Bruder gehört, dass Jerusalem in Trümmern lag; dass die Stadt jedoch derart zerstört war, hätte er sich niemals träumen lassen. Sein Name war Nehemia, »der Herr tröstet«.

Nico ter Linden: Es wird erzählt ... Die Psalmen, Hiob, das Hohelied und andere Schriften, Bd. 5, Gütersloh 2004, S. 253, Abdruck mit freundl. Genehmigung des Autors.

Nach Wochen kam Nehemia endlich in Jerusalem an. Aber wie erschrak er beim Anblick der Stadt! Sie glich noch immer einem Schutthaufen: Die Mauern waren ringsum zerstört, und an allen Toren fehlten die Türen. Drei Tage lang harrte Nehemia in der zerstörten Stadt aus. Noch ahnte dort niemand, warum er gekommen war. Danach sammelte Nehemia ein paar Leute um sich. Und als die Nacht hereinbrach, verließ er mit ihnen heimlich die Stadt. Auf einem schmalen Pfad ritt er an der Mauer entlang. Die anderen folgten zu Fuß. Wo immer die Mauer zerstört war, da hielt Nehemia an. Er prüfte jede Stelle genau. Nichts entging seinem Blick, kein Riss, keine Lücke und kein Bruch. Mühsam bahnte er sich seinen Weg von einem Tor zum andern. Er kam nur langsam voran. Überall lagen Steinbrocken im Weg. Schließlich hörte der Pfad ganz auf. Da stieg Nehemia von seinem Pferd und kletterte über die Felsbrocken das steile Bachtal hinauf. Er ruhte nicht eher, bis er alle Mauerteile und alle Tore genau geprüft hatte.

Irmgard Weth: Neukirchener Erzählbibel mit Bildern von Kees de Kort, 2., neu durchges. Aufl. 2008, © Kalenderverlag des Erziehungsvereins, Neukirchen-Vluyn 1998, S. 217–218.

Kreative Ideen

Das Buch Nehemia ist geprägt durch den Erfahrungsbericht des Nehemia in einer sehr lebendigen Erzählweise. Wörtliche Rede und die bildhafte Beschreibung einzelner Szenen prägen den Erzählstil. Unterschiedliche Menschen kommen in ihrer je eigenen Rolle vor. Dieser besondere Charakter des Nehemiabuches wird in kreativen Einheiten des Kindergottesdienstes aufgegriffen. In Theaterstück und Erzählung nehmen sie – wie damals Nehemia – Anteil am Geschick der Schwachen. In Stadt- und Maueraufbau sowie dem abschließenden Fest schlüpfen die Kinder in die Rolle der alten Jerusalemer und erleben dabei Gemeinschaft im miteinander Arbeiten – miteinander Leben – miteinander Glauben und Feiern.

Erzählen zwischen Ruinen und Trümmern

Im Kindergottesdienstraum verteilt liegen zahllose Kartons, wahllos durcheinander. In diesem Durcheinander suchen sich die Kinder einen Platz und feiern den Beginn des Gottesdienstes. Ihre Neugierde und ihr Unbehagen, warum heute alles so ungeordnet ist, werden in einem kleinen Theaterstück der Mitarbeitenden aufgenommen.

Szene 1: (Spieler: Hanani, der Bruder des Nehemia + Nehemia + König; für jeden Spieler ein einfaches Gewand, Nehemia trägt wenig Schmuck, Krone für König; an einer Seite steht der Tisch des Königs, Utensilien für den Königstisch)

Hanani: Unsere schöne Stadt Jerusalem! Immer noch ist so viel zerstört vom Krieg. Vor 142 Jahren ging damals alles in Flammen auf. Unser Tempel brach zusammen, die Häuser glichen einem Trümmerhaufen und die Mauer konnte keinen Schutz mehr geben. Unsere Väter und Mütter wurden weit weg geführt. Und ich wurde in einem fremden Land geboren. Jetzt bin ich zurück gekommen in diese alte Stadt und mit mir viele andere. Der Tempel ist wieder aufgebaut, freilich nicht so prächtig wie damals, aber wenigstens steht er wieder. Doch viele Menschen bei uns wissen gar nicht mehr, wie sie an Gott glauben können. Es ist ein großes Durcheinander. Wir haben keine Gemeinschaft in der Stadt, jeder lebt für sich. Ach, wenn doch die Mauer um unsere Stadt wieder stehen könnte! Dann würden die Menschen spüren: Wir gehören zusammen. Und: Wir können uns auf Gott verlassen. Er ist für uns wie ein Felsen, auf den ich mich stützen kann, wie eine Burg, in der ich sicher wohne. Ich werde zu meinem Bruder Nehemia reisen. Vielleicht kann er weiterhelfen. Schließlich ist er ein hoher Beamter des Königs. *(Hanani packt eine Reisetasche und zieht los.)*

Szene 2: (An der Seite beginnt Nehemia den Tisch des Königs zu decken. Hanani kommt auf Nehemia zu, Nehemia entdeckt ihn.)

Nehemia: Sehe ich recht? Hanani, mein Bruder! *(Die Brüder umarmen sich.)* Hanani, was führt dich so weit von Jerusalem zu mir? Wie geht es dir und den Menschen in der Stadt? Sicherlich erstrahlt die Stadt in ihrem alten Glanz! So gerne wäre ich in Jerusalem.
Hanani: Ach, wenn Du wüsstest! Die Menschen leben in großer Not. Es ist ein Elend. Der Tempel ist zwar wieder aufgebaut, aber unsere Stadtmauer liegt immer noch in Trümmern. Die Tore sind verbrannt. Steine liegen kreuz und quer in der Landschaft.
Nehemia: Das kann ich nicht glauben.
Hanani: Doch, so ist es. Nehemia, wir brauchen deine Hilfe. *(Nehemia setzt sich zu Boden, legt die Hände vors Gesicht. Nach einer Weile steht er wieder auf.)*
Nehemia: Ich werde mit dem König sprechen.

Szene 3: (Nehemia deckt den Tisch für den König fertig. Der König kommt.)
König: Nehemia, mein treuer Beamter! Wie kann ich mich doch immer so gut auf dich verlassen. Ich wünschte, alle wären so wie du. *(Nehemia schaut den König schweigend an.)*
König: Was ist mit dir, Nehemia? Du siehst schlecht aus. Du bist doch nicht etwa krank? Nein, das ist es nicht – irgendetwas macht dir das Herz schwer.«
Nehemia: Ach, mein König, ich wage es kaum davon zu sprechen. Die Stadt Jerusalem, in der meine Väter und Mütter lebten, sie ist immer noch ganz verwüstet. Ohne Schutz leben die Menschen dort. Die Mauer ist noch vom Krieg zerstört.
König: Ja, ich weiß. Aber was ist deine Bitte?
Nehemia: Mein König, wenn es dir gut erscheint und du mir vertraust, dann lass mich dorthin gehen, damit ich die Stadt wieder aufbauen kann. Die Menschen brauchen Hilfe.
König: Und wie lange wirst du bleiben?
Nehemia: Es wird einige Jahre in Anspruch nehmen.
König: Gut. Ich bin einverstanden. Du weißt, was du tust.
Nehemia: Mein König, wenn es dir recht ist, dann möge man mir amtliche Schreiben mitgeben, damit ich frei reisen kann. Außerdem brauche ich ein königliches Schreiben, damit ich Baustoffe bekomme für die Stadtmauer und für das Haus, in dem ich wohnen werde.
König: So soll es sein. Ich werde veranlassen, dass du bekommst, was du brauchst.
Nehemia: Danke, mein König. *(Nehemia verneigt sich und geht.)*

Erzählung
Anschließend ist zu erzählen, wie Nehemia nach Jerusalem kommt und in der Nacht die Stadtmauer begutachtet (s. o. Kurzgeschichte), sowie Überleitung zum Aufbau der Stadtmauer (Nehemia 4).

Aufbau der Trümmer
Die Kinder bauen mit den Kartons eine **Stadtmauer** auf. Sie sollte so angelegt sein, dass durch die Mauer ein geschützter Innenraum entsteht. Dabei singen sie das »Lied der Bauleute«, siehe oben S. 61. Anschließend werden Tore gestaltet, einzelne Bausteine besonders bemalt oder verziert. (Materialien: zahlreiche Kartons, Packpapier, Plakafarben, Fotokarton für die Tore, Alufolie etc.)

Es können auch **besondere Mauersteine** gearbeitet werden. Dazu benötigen die Kinder Ytongsteine und Meißel. Die Ytongsteine (Baumarkt) können auf die gewünschte Größe zurecht gesägt werden, sind leicht zu bearbeitet. Die Kinder meißeln Symbole oder Bibelverse ein. Achtung! Wegen des Staubes am besten unter freiem Himmel arbeiten!

Die aufgebaute Stadtmauer bleibt für den nächsten Kindergottesdienst stehen.

Erzählung in den Mauern
Die Ereignisse aus Nehemia 5 können aus Sicht des Nehemia erzählt werden. So wie er von Babylon aus an dem Schicksal der entfernten Nächsten in Jerusalem Anteil genommen hat, so lässt er sich auch jetzt vom Schicksal der notleidenden Bevölkerungsschicht berühren. Nehemia erzählt und setzt sich dazu in den Innenraum, der durch die Stadtmauer entstanden ist.

Die Traumstadt
Nach der Erzählung zu Nehemia 5 lassen die Kinder ihre Traumstadt entstehen, in der Gerechtigkeit und Frieden herrschen und in der die Schöpfung bewahrt wird.
Sie bauen innerhalb der Stadtmauer Häuser auf, gestalten Gemeinschaftsplätze etc. Dafür liegt ein großer Materialvorrat bereit: weitere Kartons, evtl. Ytongsteine, Folien, Transparentpapier etc., Naturmaterialien, kleine Pflanzen etc., große Bauklötze, Duplo-Steine etc.

Bilder aus der Traumstadt
Viele kleine Szenen entstehen in solch einer Traumstadt. Es lohnt sich, diese mit der Digitalkamera festzuhalten. Dabei nicht nur die Gesamtansicht fotografieren, sondern viele kleine Ausschnitte! Die Bilder werden für den nächsten Gottesdienst auf DIN-A4-Größe abgezogen. Die ganze Gottesdienstgemeinde (auch Erwachsene!) wird eingeladen, sich die Traumstadt der Kinder anzuschauen!!!

Erzählung und Fest
Die Nehemia-Reihe schließt mit einem Fest ab – wo möglich, wird dazu der Kindergottesdienst an diesem Sonntag nach draußen (in den Kirchgarten) verlegt. In einem vorbereiteten Pavillon findet der Kindergottesdienst statt. Dazu wird ein offener Pavillon aufgebaut, mit Decken und Sitzkissen. Am Pavillon werden die Bilder aus der Traumstadt aufgehängt. Viele Zweige und Blumen liegen bereit.

Die Erzählung
Die Geschichte zu Nehemia 8 sollte nicht frei erzählt, sondern vorgelesen werden – so wie einst Esra die Buchrolle öffnete und daraus vorlas. Dafür kann die Altarbibel aus der Kirche geliehen und der Erzähltext hineingelegt werden, alternativ: Kinderbibel (z. B. von Irmgard Weth).

Das Fest
Die Kinder **schmücken den Pavillon** zum Fest mit Zweigen und Blumen. Als Tische werden Biertische so auf den Boden gelegt, dass die Tischbeine nicht ausgeklappt werden. Die Kinder sitzen auf Kissen und Decken.

Zum Fest erklingt das Lied »Komm, bau ein Haus« als **Tanzlied:**
(Beim Refrain stehen die Kinder im Kreis, dazu Bewegungen)

Komm, bau ein Haus	Hände in Brusthöhe wechselnd wie Steine aufeinander legen (re – li – re)
das uns beschützt	über dem Kopf mit beiden Händen ein Dach formen
pflanz einen Baum	vom Boden her mit beiden Händen einen Baum in die Luft »malen«
der Schatten wirft	mit rechtem Arm eine weite kreisende Bewegung machen
und beschreibe den Himmel, der uns blüht	einmal nach rechts um die eigene Achse drehen, dabei Hände nach oben strecken
und beschreibe den Himmel, der uns blüht.	einmal nach links um die eigene Achse drehen, dabei Hände nach oben strecken

(Bei den Strophen laufen die Kinder gemeinsam im Kreis.)

Aus: Das Kindergesangbuch, München.

Nun kann der **Tisch gedeckt** werden mit allem, was Kinder so mögen: Apfelsaft, Kuchen, Brötchen, Brezeln und allen Früchten des Sommers ...

Stichworte
Stadt, Jerusalem, Gerechtigkeit, Frieden, Bewahrung der Schöpfung, Laubhüttenfest, Fest, Freude

Gudrun-Luise Helm

Glauben und Handeln ist Diakonie

17.07.2011
(4. Sonntag nach Trinitatis)
... denn hier begegnet uns Gott
(Matthäus 25,34–40)

24.07.2010
(5. Sonntag nach Trinitatis)
... denn Jesus erinnert an Gottes Gebot
(Matthäus 22,34–40)

31.07.2010
(6. Sonntag nach Trinitatis)
... denn es ist viel zu tun
(Johannes 5,1–9a)

Der Plan für den Kindergottesdienst spricht mir aus dem Herzen: »Diakonie und Kirche werden oft nicht zusammen gesehen.« Nach jahrelanger Arbeit in Kirchengemeinde und im Kinderkirchpfarramt stehe ich jetzt in der Leitung eines Diakonischen Werkes und erlebe genau diese Kluft. Die biblischen Texte dieser Reihe stellen das Handeln der Nächstenliebe ins Zentrum des christlichen Glaubens. Kinder sind gerne hilfsbereit. Das Mithelfen-Dürfen vor allem bei Aufgaben, die eigentlich Erwachsenen vorbehalten sind, steigert ihr Selbstwertgefühl. Kinder wollen allerdings nicht als »kleine Helfer« missbraucht werden. Sie wollen eine große, ernst zu nehmende Hilfe sein. Die Diakonischen Werke, wie sie uns in der Einrichtungsdiakonie etwa in Krankenhäusern, Behinderteneinrichtungen, Altenheimen u. Ä. begegnen, sind hoch komplizierte, professionell arbeitende Unternehmen, bei denen so leicht nicht zu erkennen ist, dass es sich bei ihrer Arbeit um gelebte Nächstenliebe in der Nachfolge Jesu handelt. Deshalb steht im Mittelpunkt dieser Vorschläge eine Geschichte, in der zwei Kinderkirchkinder einer Diakonischen Einrichtung von heute begegnen. Das kindliche Interesse an sachlichen Zusammenhängen (»Wie funktioniert das?«) lässt die Kinder ganz entscheidende Fragen nach dem Verhältnis von Nächstenliebe und Professionalität in der Diakonie stellen.

Liturgische Gestaltung

Zusammenkommen – sich Gott zuwenden

Gebet nach Matthäus 25,35.36 – Am besten in drei »Rollen« zu sprechen:

I	**II**	**III (alle)**
Ich habe Hunger. Gebt mir zu essen.	Es wächst genug für alle auf unserer Welt. Wir schaffen es nicht, gerecht zu teilen.	Herr, erbarme Dich.

I	II	III (alle)
Ich habe Durst. Gebt mir zu trinken.	Wasser ist kostbar. Wir verschmutzen Flüsse, Seen und Meere.	Herr, erbarme Dich.
Ich habe kein Zuhause. Nehmt mich auf.	Viele sind auf der Flucht. Sie wollen dem Krieg und dem Elend entkommen.	Herr, erbarme Dich.
Ich bin nackt. Gebt mir Kleidung.	Manchen wird auch noch das Letzte genommen. Wer bietet ihnen Schutz?	Herr, erbarme Dich.
Ich bin krank. Besucht mich doch.	Manche liegen ganz allein auf der Intensivstation. Schwäche und Schmerzen sind kaum noch aushalten.	Herr, erbarme Dich.
Ich bin gefangen. Kommt zu mir.	Wir brauchen Freiheit. Was ist, wenn einer keinen Ausweg mehr weiß?	Herr, erbarme Dich.

Hören und Antworten

Fürbittengebet mit der Tageszeitung
Die Gruppe der Großen schaut in die aktuelle Tageszeitung und sucht nach Meldungen, die von Menschen berichten, die dringend Hilfe brauchen. Sie formuliert für diese Menschen ein Fürbittengebet, das mit allen gesprochen wird. Ein solches Gebet hat wirkliche Aktualität und räumt die Möglichkeit ein, sich mit den Menschen, die Hilfe brauchen, möglichst konkret zu befassen. Wir müssen allerdings darauf achten, dass wir im Gebet Gott nicht vorschnell Lösungsmöglichkeiten vorschlagen, die die Hilfsbedürftigen und andere bevormunden.

Kurzgeschichten

Die Geschichten können die Themen und Texte der Sonntage für die Kinder verdeutlichen. Sie sind eine gute Möglichkeit zur Einleitung eines Gesprächs vor allem mit den größeren Kindern.

Glauben und Handeln ist Diakonie

1. Helfen lernen

Ich sitze in meinem Büro und arbeite am Computer. Da klopft es an meiner Tür. Wer kann das sein, jetzt noch am späten Nachmittag kurz vor Feierabend? Zwei Kinder kommen in mein Büro. »Ich bin Sabine.« »Ich bin Andreas.« Ich schätze, sie sind ungefähr sieben und neun Jahre alt. Ich schaue sie ziemlich verdutzt an. Kinder kommen selten in mein Büro, manchmal meine Enkeltochter, aber die ist erst zwei. Sabine und Andreas sagen sofort, was sie wollen. »Können Sie uns zeigen, was Sie hier so machen?«

Was soll so eine Frage? Am liebten hätte ich geantwortet: »Das seht ihr doch. Ich sitze am Computer und arbeite.« Aber die Kinder lassen mich gar nicht zu Wort kommen. »Wir wollen's genau wissen«, sagt Sabine, »Sie arbeiten hier in einem Diakonischen Werk. Das haben wir in der Kinderkirche gehört. Und ein Diakonisches Werk tut was für Menschen, die Hilfe brauchen, weil Jesus gesagt hat, man soll die Menschen lieben.«

»Und jetzt wollen wir wissen, was hier gemacht wird«, fügt Andreas hinzu, »weil, so haben wir's in der Kinderkirche gelernt: Diakonie ist, wenn man aus dem Glauben an Jesus heraus Gutes tut.«

Ich staune und freue mich. Was die so alles in der Kinderkirche lernen. Das gefällt mir. Also sage ich: »Ich will's versuchen. Ich zeige euch, was wir hier machen.« Wir gehen auf den Flur. Da gibt's nicht viel zu sehen. Links und rechts Türen: Namenschilder und schwierige Wörter: Finanzbuchhaltung, Verwaltungsdirektor, Schulsekretariat. Hoffentlich langweile ich meine jungen Gäste nicht. Dann kommen wir in unseren Schulbereich. Wir gehen durch die Cafeteria in ein Klassenzimmer. Schüler sind gerade keine da, es ist ja später Nachmittag. Andreas und Sabine merken sofort, dass hier keine Kinder zur Schule gehen, sondern Erwachsene. »Was kann man hier lernen?« Ich erzähle, dass hier junge Frauen und Männer ihre Ausbildung machen. Sie lernen in drei Jahren den Beruf der Erzieherin oder des Erziehers. Sie können dann im Kindergarten, im Kinderheim oder im Hort einen Arbeitsplatz finden. Eine Schule anzuschauen, in der gerade keine Schule ist, finden die Kinder lustig. Besonders beeindruckend ist der Computerraum. Die Schülerinnen, die dort sitzen, wollen wir nicht stören. Sie forschen gerade im Internet. Ein Stockwerk höher besuchen wir noch ein weiteres Klassenzimmer. Die Kinder erschrecken: »Hilfe, da ist ja ein Bett und da liegt jemand drin!« Es ist nur eine Puppe, eine lebensgroße Puppe allerdings. »Wir sind jetzt in einer anderen Schule«, erkläre ich. »Hier lernen die Schülerinnen und Schüler Altenpflege. Nach drei Jahren Schulzeit können sie in einem Pflegeheim oder bei einer Diakoniestation arbeiten. Sie begleiten und unterstützen Menschen, die im Alter zu Hilfs- und Pflegebedürftigen geworden sind. »Was machen die mit der Puppe?«, fragt Sabine. »Sie üben zum Beispiel, wie man einen Menschen wäscht, der sich selbst nicht waschen kann.«

Andreas wird nachdenklich. »Sind die Schülerinnen und Schüler, die hier lernen, arm?« »Wieso kommst du drauf?«, frage ich. »Weil Diakonie sich doch um Menschen kümmert, die Hilfe brauchen, deshalb denke ich, die Schüler sind arm und brauchen Hilfe.« Andreas hat eine gute Frage gestellt. Ich muss ihm erklären, dass unsere Schülerinnen und Schüler nicht hilfsbedürftig sind. Aber sie sollen an unserer Schule lernen, wie man Menschen, die Unterstützung brauchen, richtig und fachkundig hilft. »Weißt du, wenn man einen alten Menschen, der sich kaum noch bewegen kann aus dem Bett in den Rollstuhl setzen will, dann muss man genau wissen, wie man das macht. So etwas muss man richtig gut lernen.« »Und die, die Erzieherin lernen«, fragt Sabine, »die brauchen auch selbst keine Hilfe. Aber sie lernen, den Kindern zu helfen.« »Richtig Helfen muss man auch lernen wie Rechnen und Lesen«, füge ich hinzu. Auch das geschieht in der Diakonie. Jetzt sind wir schon fast eine Stunde unterwegs. Sabine und Andreas müssen nach Hause, obwohl sie noch lange nicht alles gesehen haben. Sie wollen wiederkommen und wir verabreden uns für den nächsten Tag. Ich begleite sie zur Haustür. Da entdecken die Kinder, dass vor dem Haus Wohncontainer stehen. »Das sieht aus wie auf einer Baustelle«, stellt Sabine fest. »Fast richtig«, sage ich. »In den Containern ist für einige Monate unser Kindergarten untergebracht. Wir bauen gerade eine größere Kindertagesstätte. Auch kleine Kinder unter drei Jahren sollen da einen Platz bekommen. Viele Väter und Mütter brauchen einen Platz für ihre Kinder für die Zeit, in der sie arbeiten gehen. Die Kinder erleben in der Kindertagesstätte gute Anregungen für ihre Entwicklung und ihr Lernen.« »Das ist wirklich Nächstenliebe«, sagt Andreas, »wenn Kinder sich hier wohl fühlen und es ihnen gut geht.« »Tschüss, ihr beiden«, rufe ich Sabine und Andreas nach und freue mich schon auf unsere nächste Begegnung.

2. Alte Menschen pflegen

Pünktlich um fünf klopfen am nächsten Tag Sabine und Andreas an meine Tür. Heute fahren wir mit dem Auto in den Nachbarort. Dort hat unser Diakonisches Werk eine weitere Einrichtung. Wir kommen in unser Pflegeheim. Wir gehen die Treppe hinauf und gelangen in einen ganz hellen Raum mit Fenstern, die bis zum Boden gehen. Da sind Sessel und niedrige Tische. In einem Aquarium schwimmen Fische. Es sieht aus wie ein Wohnzimmer und ist doch eigentlich der Gang. Hier sitzen einige alte Menschen. Sie sitzen beieinander aber reden nicht viel miteinander. Wir begrüßen sie freundlich. Wir spüren, wie sie sich freuen, dass Kinder ins Haus kommen. Wir gehen in einen Speiseraum. Dort wird gerade das Abendessen für einige der Bewohnerinnen und Bewohner vorbereitet. Das Brot ist in kleine Würfel geschnitten. »Wie bei meiner Oma«, sagt Sabine, »die kann nicht mehr richtig beißen.« Eine Altenpflegerin sitzt in einem kleinen Zimmer und verteilt Tabletten in kleine Schälchen auf einem Tablett. »Ich richte die Medikamente für die Bewohnerinnen und Bewohner. Es ist doch ganz wichtig, dass jede die richtigen Tabletten kriegt. Viele können das nicht mehr selbst machen.« In diesem Moment muss Andreas seine Frage loswerden: »Die Leute sitzen da auf dem Gang rum. Die eine hat sogar geschlafen. Denen ist doch total langweilig.« »Für uns sieht das so aus«, sagt die Altenpflegerin. »Viele von unseren Bewohne-

rinnen und Bewohnern wollen sehr viel Ruhe haben. Sie wollen nicht immer irgendetwas machen, wie junge Leute. Sie sind aber froh, dass sie nicht allein sind.« Wir treten aus dem Stationszimmer und hören Singen und Gitarrenspiel. »Hört mal«, sagt die Altenpflegerin, »im zweiten Stock singt meine Kollegin mit Bewohnerinnen und Bewohnern das Abendlied. Das macht einigen großen Spaß.« Wir gehen die Treppe hoch. Die alten Menschen freuen sich über unseren Besuch, vor allem darüber, dass Sabine und Andreas laut mitsingen: ›Der Mond ist aufgegangen.‹
Während sie singen, beobachtet Sabine, dass ein weißhaariger Mann den Gang auf und ab läuft. Ist er an einem Ende angekommen, dreht er um und läuft wieder zurück und das die ganze Zeit. Später erkläre ich ihr: »Das gibt es, dass bei alten Menschen der Geist immer mehr nachlässt. Solche Menschen verstehen uns oft nicht mehr. Sie können auch nur noch wenig sprechen. Sie leben wie in einer anderen Welt. Manche haben ein großes Bedürfnis zu laufen. Bei Herrn G. ist es so, dass ich ihn jetzt gar nicht ansprechen kann. Er reagiert gar nicht und läuft nur weiter.«
Die Eindrücke haben die Kinder sehr nachdenklich gemacht. Auf der Treppe begegnen wir der Altenpflegerin, die wir vorher beim Medikamente richten besucht hatten. Andreas hat Vertrauen zu ihr gefasst und fragt sie: »Das ist doch keine schöne Arbeit, die Sie hier machen. Warum machen Sie das?«
»Das ist halt mein Beruf«, sagt die Altenpflegerin. »Das müssen Menschen machen. Wir werden gebraucht.« »Ich dachte, Sie machen das freiwillig, so aus Nächstenliebe. Jetzt sagen Sie, das ist Ihr Beruf. Verdienen Sie Geld damit?«
»Ja klar«, sagt die Altenpflegerin. »ich muss Geld verdienen. Ich hab auch zwei Kinder daheim, so alt wie ihr seid. Aber das ist kein Widerspruch mit der Nächstenliebe. Ich habe diesen Beruf gewählt, weil ich weiß, dass wir wirklich gebraucht werden. Ich erlebe oft, wie dankbar die alten Menschen sind, wenn sie die Unterstützung bekommen, die sie brauchen. Dann ist das schon ein schöner Beruf.«
Auf der Rückfahrt im Auto sagt Sabine: »Nächstenliebe kann also auch ein Beruf sein, das hätte ich nicht gedacht.« Andreas fügt hinzu: »Gestern haben wir ja auch gesehen, dass man das richtige Helfen sogar auf der Schule lernen muss.«
»Ich kann euch noch zeigen, wie unsere Arbeit entstanden und gewachsen ist. Wenn's euch interessiert, kommt doch nächste Woche am Dienstag noch mal vorbei.«

3. Von Schwestern und Gästen

Es klopft an meiner Tür. Sabine und Andreas sind zum dritten Mal gekommen. Heute gehe ich mit ihnen in den Teil des Gebäudes über dem steht: »Schwesternwohnungen und Gästebereich«. Alle Türen links von dem langen Flur stehen auf. Es sind lauter kleine Zimmer mit einem Tisch, einem Schrank und einem Bett. Jedes Zimmer hat sein kleines Bad. »Wie im Hotel!«, sagt Andreas. Zwei Frauen beziehen gerade die Betten frisch. »Das ist gut, dass wir gerade unsere Gästeschwestern hier antreffen«, sage ich und stelle ihnen die beiden Frauen vor. Die Schwestern tragen Tracht und Haube. Die Kinder wissen, das sind Diakonissen. Die beiden Diakonissen erzählen, dass sie früher im Kindergarten gearbeitet haben. Jetzt, im Ruhestand, kümmern

sie sich um Gäste hier im Haus. Gästegruppen mieten hier Zimmer und Räume für Tagungen und Freizeiten. Das sind Kirchengemeinderäte oder ein Kirchenchor oder ein Team von Mitarbeiterinnen und Mitarbeitern aus der Diakonie. Den Schwestern ist es wichtig, dass sie sich hier richtig geborgen fühlen. Gastfreundschaft wird groß geschrieben. Über Weihnachten und über den Jahreswechsel sind immer viele Gäste im Haus. Alleinstehende sind dies, die diese Festtage in einer fröhlichen Gemeinschaft verbringen wollen. »Das ist auch Diakonie«, sagt Andreas, »wenn Menschen nicht allein sein müssen und eine Gemeinschaft finden.«
»Machen Sie das freiwillig oder bekommen Sie Geld dafür?«, fragt Sabine. Die Schwestern lachen freundlich: »Freiwillig – ja und nein, Geld bekommen wir – ja und nein, beides stimmt. Wir sind Schwestern, wir sind Diakonissen, dazu haben wir uns freiwillig entschieden. Wir haben uns freiwillig entscheiden, dass wir mit unserem Leben Jesus dienen wollen. Wir haben das als Erzieherinnen im Kindergarten gemacht, viele Jahre lang. Und jetzt ist uns diese Aufgabe zugewachsen, die Gäste zu betreuen. Auf einen Lohn für unsere Arbeit haben wir verzichtet. Aber unsere Gemeinschaft sorgt für uns. Wir wohnen hier zusammen im Haus. Unsere kleinen Wohnungen sind ein Stockwerk höher. Wir werden versorgt mit allem, was wir zum Leben brauchen.« Sabine und Andreas haben jetzt so viele Fragen, dass eine der Schwestern sie in ihr Appartement zu Saft und Keksen einlädt. Sie erleben es, Gastfreundschaft ist den Schwestern wichtig. Ich habe mich in der Zwischenzeit wieder an meinem Schreibtisch begeben. Nach einer Weile klopfen die beiden Kinder wieder und wollen sich verabschieden.
Auf dem Gang zeige ich ihnen noch ein altes Bild von einer alten Frau. »Das ist Wilhelmine Canz. Sie hat von über 150 Jahren diese Schwesternschaft und damit dieses Werk gegründet. Damals haben kluge Männer und Frauen wie sie ein Problem gesehen: Viele Kinder konnten von ihren Familien nur schlecht betreut werden, weil es zu viel Arbeit und Armut gab. Diese Not wollten Wilhelmine Canz und andere lindern. So wurden an vielen Orten für die kleinen Kinder Kinderschulen gegründet. In diesen Kinderschulen waren die Kinder beaufsichtigt, sie bekamen Anregungen und Material zum Spielen und zum Lernen, sie sangen viele Lieder und hörten biblische Geschichten. Wilhelmine Canz gründete nicht nur selbst eine Kinderschule, sie gründete auch eine Einrichtung für die Ausbildung von Frauen, die in den Kinderschulen für die Kinder da sein sollten. Damals gab es viele junge Frauen, für die keine andere Lebensaufgabe da war, als Dienstmagd auf einem Bauernhof zu werden. Diesen Frauen bot Wilhelmine Canz eine andere Möglichkeit, die Lebensaufgabe der Kinderschwester. Weil diese Schwestern zu Gunsten ihrer Aufgabe bei

Foto: Gottfried Mohr

den Kindern auf Heirat und Familie verzichten mussten, deshalb bot Wilhelmine Canz ihnen die Schwesterngemeinschaft als ihre Heimat. Das Haus, in dem sie ihre Ausbildung erhielten, immer wieder zusammenkommen konnten und schließlich ihren Lebensabend verbrachten, nannte sich: »Mutterhaus«.

Foto: Gottfried Mohr

»So steht es ja bis heute über dem Eingang dieses Hauses«, sagt Sabine. »So ist es«, antworte ich, »das Mutterhaus ist das Zentrum unseres Diakonischen Werkes. Es soll denen, die bei uns leben, arbeiten, lernen oder Gäste sind, einen Ort der Geborgenheit anbieten. Darum bemühen wir uns. Ich hoffe, ihr habt bei euren drei Besuchen gemerkt, dass man sich hier wohl fühlen kann.« Was haben Sabine und Andreas darauf geantwortet? Ich kann es nicht sagen, denn – jetzt muss ich es zugeben – ich habe diese beiden Kinder erfunden. Alles andere, was sie gesehen und gehört haben, das habe ich nicht erfunden. Das kann man in unserem Diakonischen Werk erleben. Es heißt Großheppacher Schwesternschaft, weil es in Großheppach gegründet wurde. Heute ist in Großheppach noch unser Pflegeheim, von dem ich erzählt habe. Das Mutterhaus steht in Nachbarort Beutelsbach. Diese beiden Orte sind in der Nähe von Stuttgart. Vielleicht kommen wirklich einmal aufgeweckte und neugierige Kinderkirchkinder und fragen: »Können Sie uns zeigen, was Sie hier so machen?«

Gottfried Mohr

Kreative Ideen

Am *1. und 2. Sonntag* können wir Spielszenen erfinden: Die in Matthäus 25,35.36 genannten sechs guten Taten müssen in die Lebenswirklichkeit der Kinder übersetzt werden. Am besten geschieht das im Gespräch mit den Kindern selbst. Die Kinder erfinden z. B eine Szene, in der ein Kind einem anderen etwas zu essen gibt, weil es hungrig ist. Diese Szene wird dann gespielt. Am Anfang steht die Suche nach guten Beispielen. Den Kindern fallen Beispiele ein, wenn wir uns fragen:
Stellt euch eine Situation vor, in der ein Kind schrecklichen Hunger hat.
Stellt euch eine Situation vor, in der ein Kind sich nackt fühlt (z. B. bloßgestellt, weil es nicht die richtigen Markenklamotten hat).
Stellt euch eine Situation vor, in der sich ein Kind eingesperrt fühlt. *(Diese Aktualisierung kann sich über die ganze Einheit oder über zwei Sonntage erstrecken.)*

Am *3. Sonntag* mutet die Geschichte von der Heilung am See Betesda den Kindern viel zu. Die Frage: »Willst du gesund werden?« ist nur dann eine richtige Frage, wenn es das tatsächlich gibt, dass Menschen in gewissen Situationen nicht gesund werden wollen. Nur mit den Großen in der Kinderkirche – mit ihnen aber wirklich – ist es sinnvoll, diese Frage anzusprechen. Hier hilft als Gesprächseinstieg der provozierende Satz groß auf ein Plakat geschrieben: »Ich will nicht gesund werden!« Dieser Widerspruchssatz kann durch weitere, ähnliche Sätze ergänzt werden: »Kranksein ist schön!« – »Schade, dass ich wieder gesund bin!« – »Gesundsein ist anstrengend!« Solche Sätze als Gedankenanstöße können ein Gespräch in Gang bringen. Wichtig bei diesem Gespräch ist, dass es offen sein muss. Es darf von Seiten der Gesprächsführung kein Ziel oder Ergebnis erwartet sein. Nur wenn wir für überraschende Gedanken von Seiten der Jugendlichen offen sind, kann dieses Gespräch Tiefgang gewinnen.

Stichworte
Ein Diakonisches Werk kennenlernen; Krankheit und Hilfsbedürftigkeit

Gottfried Mohr

07.08.2011
(7. Sonntag nach Trinitatis)
Ins Herz geschlossen – Wie Jesus Christus Paulus nahe ist
(Galater 2,20)

14.08.2011
(8. Sonntag nach Trinitatis)
Von ganzem Herzen – Wie Paulus von Jesus Christus Kraft bekommt
(Philipper 4,13)

21.08.2011
(9. Sonntag nach Trinitatis)
Ein Herz und eine Seele – Wie Menschen miteinander in der Liebe Christi leben
(Galater 3,26–28)

28.08.2011
(10. Sonntag nach Trinitatis)
Ein Herzstück des christlichen Glaubens – Wie Christen mit Juden Anteil an den Gaben Gottes haben
(Römer 11,18)

Die jeweilige Situation in den Gemeinden, auf die Paulus in seinen Briefen Bezug nimmt, wird in den Erzählungen für die Kinder ihren Niederschlag finden. Deshalb sollen im Folgenden die Übertragung der vom Plan für den Kindergottesdsienst ausgewählten paulinischen Texte auf das Leben der Kinder durch kindgerechte kurze Briefe und eine kreative Vertiefung in Gestalt eines über vier Sonntage hinweg entstehenden Leporellos mit kleinen Bastelarbeiten geschehen.

Liturgische Gestaltung

Zusammenkommen – sich Gott zuwenden

Der Philipperhymnus des Paulus (Philipper 2,5–11) als Psalmgebet für jeden Sonntag

I: Lebt in der Liebe Gottes, wie auch Jesus Christus gelebt hat.

II: Er, der selbst Gott ist, wollte hier auf Erden als Mensch unter Menschen leben.

I: Er verzichtete auf seine göttliche Macht, ordnete sich dem menschlichen Leben unter und ging sogar freiwillig in den Tod am Kreuz.

II: Gott hat ihn zu sich in den Himmel genommen und nennt ihn: »mein geliebter Sohn«, ein Name, der über allen anderen Namen steht.

I: Alle, die im Himmel und die auf der Erde oder unter der Erde sind, werden ihn anerkennen.
II: Alle Menschen werden dann bekennen: Jesus Christus ist Gottes Sohn.

Kanon

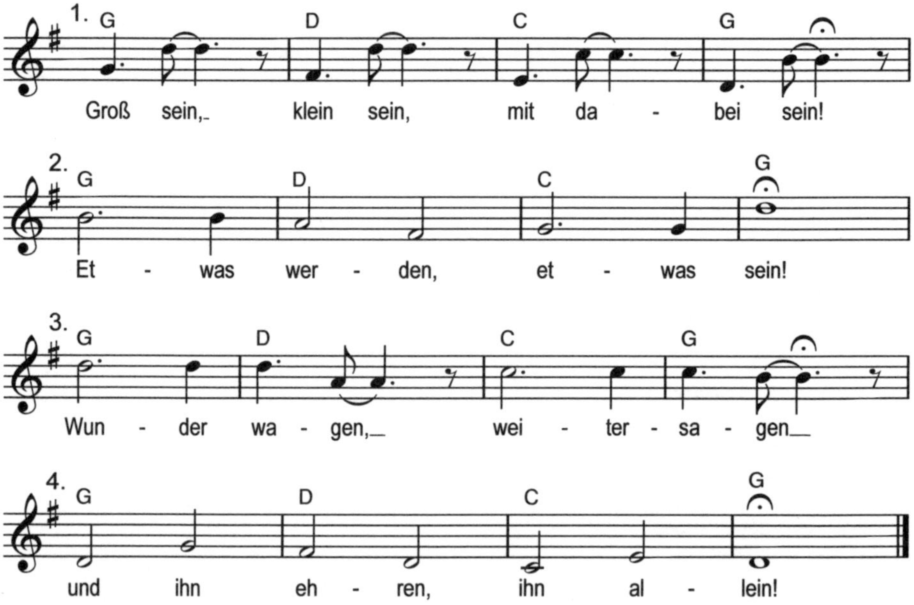

Text und Melodie: Harald Beck, © beim Komponisten, E-Mail: harald-beck@web.de, Homepage: www.haraldbeck.eu

Kurzgeschichten

Briefe von Paulus an die Kinder

Jeden Sonntag bekommen die Kinder in einem großen Briefumschlag DIN A5 oder auf einer Schriftrolle (Elefantenpapier) einen Brief von Paulus, in dem er ihnen eine seiner Überzeugungen nahe bringt. Der Brief bzw. die Schriftrolle kann vom Vorbereitungsteam schön gestaltet werden. Der Schlusssatz des Briefes ist immer eine kindgemäße Übertragung des vom Plan für den Kindergottesdienst vorgesehenen Paulustextes.

1. Brief – zu Galater 2,20

Liebe Kinder in …,
vielleicht habt Ihr schon gehört, dass ich gerne Briefe schreibe an Menschen, die mir wichtig sind?! Deshalb sollt jetzt auch Ihr einen Brief von mir bekommen! Nein, sogar mehrere! Ich werde Euch auch an den nächsten Sonntagen schreiben und immer wieder etwas Schönes für Euch zum Gestalten mitschicken! Stellt Euch nur vor, was mir passiert ist. Ein Kind hat mich einmal gefragt: »Du, Paulus, Gott ist doch im Himmel. Ganz weit weg von mir! Warum lässt der mich auf der Erde so alleine?« Fragt Ihr Euch das manchmal auch? Da will ich Euch erzählen, was ich auch dem Kind gesagt habe. Es ist ein Ereignis, das mir vor langer Zeit passiert ist: Ich war früher eigentlich gar kein Freund von Jesus. Denn ich war mir sicher: Jesus ist nicht Gottes Sohn. Deshalb – ich wage es kaum zu sagen – habe ich sogar alle, die an Jesus glauben, verfolgt! Eines Tages bin ich unterwegs. Und ich denke wieder einmal: »Jesus? Der hat doch mit meinem Leben überhaupt nichts zu tun! Der ist tot, der kann doch gar nicht mehr hier sein! Der lässt mich doch ohnehin alleine.« Aber plötzlich haut es mich vom Pferd! Ich falle zu Boden. Da spüre ich plötzlich: Jesus ist mir ganz nahe. Er stellt mein bisheriges Leben ganz auf den Kopf! Seitdem glaube ich, dass Jesus immer bei mir ist. Eine unglaubliche Geschichte! – Die müsst Ihr Euch mal erzählen lassen! – Ich hatte es davor nie bemerkt, aber jetzt weiß ich: ***Ich bin nicht alleine. Ich bin geliebt. Jesus Christus ist immer ganz nah bei mir.***

2. Brief – zu Philipper 4,13

Liebe Kinder in …,
ich muss Euch unbedingt erzählen von meiner letzten Reise nach Philippi! Das ist eine Stadt in Griechenland. Ich war so gerne dort! Kennt Ihr das auch: wenn man bei jemandem zu Besuch ist und sich dort richtig wohl fühlt? Bei Eurer Tante zum Beispiel oder bei Oma und Opa … Woran das wohl liegt, dass man sich dort so wohl fühlt? Ich glaube, ich weiß, warum ich mich in Philippi so wohlgefühlt habe: Die Menschen in der Gemeinde von Philippi waren so unglaublich freundlich zu mir! Sie haben mich ganz herzlich aufgenommen und mir großzügig von ihrem Essen abgegeben und mich mit allem, was ich brauchte, versorgt. Alles haben sie mit mir geteilt. Das ist mir in keiner anderen Gemeinde passiert. Und ich hätte das auch bestimmt nie von ihnen verlangt. Aber ganz ehrlich: Ich hab mich riesig darüber gefreut! Die Verbundenheit mit dieser Gemeinde, die Freundlichkeit von diesen Menschen hat mir so gut getan und mir gezeigt, dass dahinter die Kraft von Jesus Christus steckt! Eines ist mir dadurch klar geworden: Nicht immer geht es mir so gut wie in Philippi, ***manchmal ist mein Leben auch schwierig. Aber ich muss nicht alles alleine schaffen. Jesus Christus hilft mir und macht mich stark.***

3. Brief – zu Galater 3,26–28

Liebe Kinder!
Wie ist das eigentlich bei Euch in der Kinderkirche (im Kindergottesdienst)? Versteht Ihr Euch gut? Oder streitet Ihr auch manchmal? Also, ich ärgere mich ja, ehrlich gesagt, auch immer wieder über andere Menschen. Neulich zum Beispiel wurde ich ganz ungeduldig, als die junge Frau mich ständig gedrängt hat: »Erzähl mir noch eine Geschichte von Jesus! Erzähl mir noch eine Geschichte von Jesus!« – »Hat die denn gar nicht gemerkt, dass ich eigentlich furchtbar müde bin? Muss die immer so aufgedreht und lebhaft sein?«, dachte ich. Und bevor ich richtig nachdenken konnte, habe ich sie angeschnauzt und weg geschickt. Nachher tat mir das fürchterlich leid. Sie gehört doch auch zu uns. Sie glaubt, wie ich, an Jesus. Durch den Glauben an Jesus gehören wir doch alle zusammen. Und eigentlich ist es doch ziemlich schön: ***Alle Menschen sind ganz unterschiedlich. Aber jeder Einzelne ist wertvoll. Durch Jesus Christus gehören wir alle zusammen.***

4. Brief – zu Römer 11,18

Liebe Kinder!
Welche Geschichten hört Ihr eigentlich sonntags in der Kinderkirche (im Kigo)? Habt Ihr in der Kinderkirche schon mal von der Kuh Emma gehört? Oder vom Hasen Löffelohr? Nein? Das hätte mich auch sehr gewundert! Aber vielleicht kennt Ihr die Geschichte vom kleinen Zachäus, der auf einen Baum steigt, um Jesus besser sehen zu können! Oder habt Ihr vielleicht schon einmal gehört vom blinden Bartimäus, den Jesus wieder gesund gemacht hat? Diese Geschichten kenne ich auch! Und sie gefallen mir so gut, dass ich sie immer wieder hören möchte! Aber wisst Ihr was: Es gibt Geschichten, die kennt nicht nur Ihr, die kennen nicht nur Oma und Opa, die kenne nicht nur ich, sondern die kennt sogar Jesus! Als Jesus ein kleiner Junge war, haben seine Eltern ihm die Geschichte von Mose erzählt. Die kennt Ihr doch auch, oder? Mose, der mit seinem Volk vor einem riesigen Meer steht. Hinter sich hört er die Pferde und Soldaten des Pharao. Sie wollen Mose und sein Volk zurückholen. Aber plötzlich teilt sich das Meer in zwei Teile und Mose und sein Volk können sicher durchs Meer davonlaufen. Und als alle durchgelaufen sind, läuft das Meer wieder zusammen und die Soldaten und Pferde können Mose nicht mehr einholen. Jesus kennt diese Geschichte, ich kenne diese Geschichte, und Ihr kennt diese Geschichte. Diese uralte Geschichte! Schon viele Menschen vor Euch – wie auch Jesus – haben die Geschichten von Mose und Abraham, von Josef und David gehört und an Gott geglaubt. Diese Geschichten geben uns Menschen Kraft im Leben, wie die Wurzeln einem Baum Kraft geben. Es ist schön, dass uns diese Wurzel trägt! ***Und so wie alle Äste durch einen Stamm verbunden sind, sind alle, die an Gott glauben, miteinander verbunden.***

Kreative Ideen

Am ersten Sonntag bekommen die Kinder einen »Brief« auf einem auf DIN A5 zusammengefalteten DIN-A3-Blatt (siehe Kopiervorlagen Vorder- und Rückseite). Jeden Sonntag bekommen sie ein Blatt mit dem Satz des Sonntags (s. u.) und eine dazu passende Bastelarbeit mitgeschickt, die in den »Brief« geklebt wird. Jedes Kind fügt seinen eigenen Namen auf der Vorderseite ein.

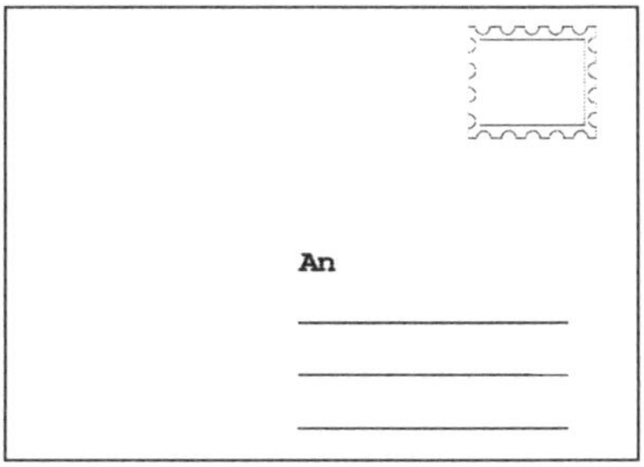

Blätter, die an den einzelnen Sonntagen in den »Brief« geklebt werden:

1. Sonntag »Du bist nicht alleine. Du bist geliebt. Jesus Christus ist immer ganz nah bei dir.« (Galater 2,20)	
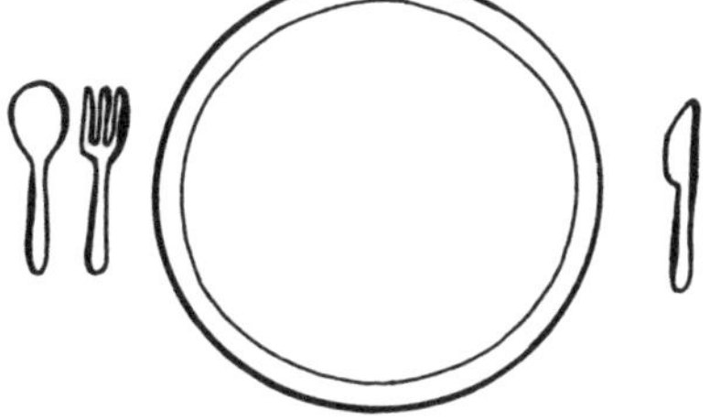	**2. Sonntag** »Manchmal ist dein Leben schwierig, aber du musst nicht alles alleine schaffen. Jesus Christus hilft dir und macht dich stark.« (Philipper 4.13)

3. Sonntag »Alle Menschen sind ganz unterschiedlich. Aber jeder Einzelne ist wertvoll. Durch Jesus Christus gehören wir alle zusammen.« (Galater 3,26–28)	
	4. Sonntag »Schon viele Menschen vor dir – wie auch Jesus – haben die Geschichten von Mose und Abraham, von Josef und David gehört und an Gott geglaubt. Diese Geschichten geben uns Menschen Kraft im Leben, wie die Wurzeln einem Baum Kraft geben. Es ist schön, dass uns diese Wurzel trägt! Und so wie alle Äste durch einen Stamm verbunden sind, sind alle, die an Gott glauben, miteinander verbunden.« (Römer 11,18)

1. Du bist nicht alleine. Du bist geliebt.
Jesus Christus ist immer ganz nah bei dir.
Bastelarbeit: Die Kinder bekommen ein Herz aus weißem Papier, das ausgeschnitten und aufgeklappt werden kann. Außen kann das Herz rot angemalt werden, innen werden auf die drei entstandenen Teile des Herzens drei Symbole für Jesus Christus gemalt: Stern von Bethlehem, Kreuz, Sonne (am Ostermorgen). Alternativ könnten die Kinder ins aufgeklappte Herz eine Geschichte malen, die ihnen zeigt, dass Jesus sie liebt und sie nicht alleine lässt (z. B.: Kindersegnung, verlorenes Schaf, Zachäus, Sturmstillung ...). Das bemalte Herz wird in den »Brief« neben das DIN-A6-Blatt mit dem Satz für diesen Sonntag geklebt.

2. Manchmal ist dein Leben schwierig, aber du musst nicht alles alleine schaffen.
Jesus Christus hilft dir und macht dich stark.
Bastelarbeit: Die Kinder bekommen das DIN-A6-Blatt mit dem Satz des Sonntags und ein zweites DIN-A6-Blatt, auf dem ein leerer Teller mit Besteck zu sehen ist. Die Kinder malen Lebensmittel (Tomate, Gurke, Apfel, Brot, Müsliriegel, Süßigkeiten ...) auf den Teller und schreiben in diese Lebensmittel, was sie stark macht: Freunde, Familie, Erfolge, Gott, Glaube ... Beide Blätter werden nebeneinander in den »Brief« geklebt.

3. Alle Menschen sind ganz unterschiedlich. Aber jeder Einzelne ist wertvoll. Durch Jesus Christus gehören wir alle zusammen.
Bastelarbeit: Ein Kinderkreis wird ausgeschnitten (Kreis aus der Vorlage ausschneiden, so oft falten, bis nur noch die Zeichnung zu sehen ist, dann alle schwarzen Flächen wegschneiden und das restliche Bild auffalten) und in den »Brief« neben das DIN-A6-Blatt mit dem Satz des Sonntags geklebt. In die Mitte des Kreises wird ein Kreuz gemalt.

4. Schon viele Menschen vor dir – wie auch Jesus – haben die Geschichten von Mose und Abraham, von Josef und David gehört und an Gott geglaubt. Diese Geschichten geben uns Menschen Kraft im Leben, wie die Wurzeln einem Baum Kraft geben. Es ist schön, dass uns diese Wurzel trägt! Und so wie alle Äste durch einen Stamm verbunden sind, sind alle, die an Gott glauben, miteinander verbunden.
Bastelarbeit: Auf ein DIN-A6-Blatt sind Stamm und Wurzeln eines Baumes aufgedruckt. Die Kinder reißen aus Buntpapier Schnipsel und ergänzen damit Äste (braun), Blätter (dunkelgrün) und Oliven (hellgrün). Die Kinder können die Blätter des Baumes beschriften mit Namen von Menschen, die ihnen (im Glauben) nahe stehen. Dieses Blatt wird im »Brief« neben den Satz des Sonntags geklebt.

Stichworte: Freundschaft, Verbundenheit, Jesus Christus, Herz

Martin Schoch, Kathrin Lichtenberger

Halt! — und dadurch gehalten

04.09.2011
(11. Sonntag nach Trinitatis)
Halt! Du darfst nicht alles!
(1 Mose 3)

11.09.2011
(12. Sonntag nach Trinitatis)
Halt! Du darfst nicht alles durchsetzen!
(1 Mose 4,1–16)

18.09.2011
(13. Sonntag nach Trinitatis)
Halt! Ich bestimme die Spielregeln!
(1 Mose 11,1–9)

25.09.2011
(14. Sonntag nach Trinitatis)
Halt! So geht es nicht weiter!
(1 Mose 6,5–8.22)

02.10.2011
(15. Sonntag nach Trinitatis/ Erntedank)
Halt! So mache ich es nicht wieder!
(1 Mose 8,20–9,17)

Die Texte der Einheit beschreiben existenzielle menschliche Erfahrungen, die seit alters her kleine und große Menschen beschäftigen. In den Geschichten wird, zum Teil auf drastische und manchmal auch brutale Weise, beschrieben, wie das Überschreiten von Grenzen und Regeln, Konsequenzen nach sich zieht. Neid und Konkurrenz, Eifersucht und Missgunst und Lügen bestimmen immer wieder das Zusammenleben der Menschen. Diese Erfahrung kennen die Kinder aus ihren familiären und anderen Bezügen nur allzu gut.
Die nachfolgenden Bausteine, die für wöchentlich und monatlich stattfindende Kindergottesdienste geeignet sind, enthalten folgende Elemente:
Ein Psalmgebet für alle Sonntage, in dem es um Wege und Wegweisung, um Stolperfallen und Stoppschilder geht.
Eine Empfehlung für eine Kinderbibel, aus der Texte der Einheit gut vorgelesen werden können.
Eine heitere Kurzgeschichte mit Tiefgang zur Arche Noah Geschichte, die verdeutlicht, dass Gott trotz der Sintflut das Leben aller Geschöpfe will.
Für jeden Sonntag einen kreativen Zugang (Spiel, Übung, Aktion), die in Lob und Dank für die Schöpfung ins Erntedankfest einmünden.
In den Ausführungen erfahren kleine und große Menschen: Immer wieder stoßen wir mit unserem Tun an Grenzen, werden schuldig aneinander und an Gott und fallen doch nicht aus seiner liebenden Hand.
So wie Kain erhalten wir »Schutz«- und »Halt«-Zeichen und dürfen weiter leben unter Gottes Schutz und Segen.

Liturgische Gestaltung

Zusammenkommen – sich Gott zuwenden

Eingangsgebet Psalmgebet – nach Psalm 86
Gestaltete Mitte mit Kerze und Kreuz, mit einem Tuch wird ein Weg gelegt und darauf finden sich verschiedene Schilder: »Stopp« – »Sackgasse« – »Vorfahrt achten« – die entweder selbst gemalt bzw. gebastelt werden, oder aus der Lego/Playmobilsammlung entliehen werden.

Kehrvers: Zeige mir, Gott, Deinen Weg für mich, begleite mich.
Denn Du bist mein Gott, der mir hilft.

Guter Gott, ich will einen guten Weg durchs Leben gehen. Manchmal weiß ich nicht weiter, dann brauche ich jemanden, der mir die Richtung weist das richtige Zeichen gibt damit ich mich nicht verliere bei den vielen Wegen, die vor mir liegen. Dann bitte ich Dich:
Kehrvers
Guter Gott, manchmal brauche ich einen, der mir sagt: Halt! Dieser Weg führt dich nicht weiter. Dann habe ich mir zu viel vorgenommen, will etwas erreichen, was nicht gut für mich ist. Dann bitte ich Dich:
Kehrvers
Guter Gott, manchmal bin ich traurig und habe wenig Freude am Leben, dann brauche ich einen, der mich begeistern kann, der mir Mut macht und mich mit seiner Hoffnung ansteckt, dann brauche ich Dich, Gott, höre mich, wenn ich Dich bitte:
Kehrvers

Hören – Antworten

Textlesung aus der Kinderbibel
Zum Vorlesen der biblischen Geschichten dieser Themenreihe eignet sich sehr gut Detlev Block/Gisela Röder: Die große bunte Kinderbibel, Bindlach 1996.

Kurzgeschichte

Die heitere Geschichte von den Regenwürmern eignet sich besonders gut, um aus der Geschichte von der Arche Noah hervorzuheben, dass Gott den Menschen und den Tieren die Sintflut schickt, aber dennoch die Bewahrung der Schöpfung, die Weiterentwicklung allen Lebens sucht.

Warum die Regenwürmer »Regenwürmer« heißen und nicht in die Arche durften

Da standen sie nun also vor der Arche, die beiden Regenwürmer und wussten gar nicht, wie ihnen geschah: Die große Tür war nämlich schon zu. Dabei waren sie sofort losgekrabbelt, als der Hamster ihnen von Noahs Botschaft erzählte. Der hatte vorgestern, wie alle anderen Landtiere, eine persönliche Einladung von Noah erhalten. Da haben sich die Regenwürmer schon gefragt, warum sie nicht eingeladen worden sind. Sollte Gott sie etwa vergessen oder dem Noah gesagt haben: »Die Regenwürmer nimmst Du aber nicht mit!« Das konnten sie nicht glauben, wo doch sogar die Stinktiere und der eingebildete Hahn mit seiner Lieblingshenne mitfahren durften. »Das mit der Einladung kann nur ein Missverständnis sein«, hatte der Wurm zum Hamster gesagt und sie waren gleich losmarschiert. Schnell kamen sie ja nicht voran, auch wenn sie sich noch so sehr anstrengten, sie konnten noch nicht einmal die Schnecke einholen. Die hatte nämlich direkt vor der Arche übernachtet und brauchte nur noch unter ihrem alten Baumstumpf hervorkriechen, als Noah alle hereinspazieren ließ. Die Regenwürmer hatten einen weiten Weg durch die Erde und – darum kamen sie zu spät. »Wir werden ja sehen, ob die uns wirklich vergessen haben«, sagte der Regenwurm, der sich als Erster ein wenig erholt hatte. »Wir rufen so lange, bis Noah aus dem Fenster schaut und fragen ihn!« »Nein, das geht nicht!«, sagte der andere. »Wir sind Regenwürmer, die können nicht rufen.« »Ach was!«, meinte der Erste, »Regenwürmer können auch nicht sprechen, und – du hörst doch, was ich sage, oder nicht?!« »Ich schon!«, sagte der andere. »Aber Noah nicht, der ist kein Regenwurm, der ist nicht einmal ein Hamster oder ein Huhn, der ist nur ein Mensch – die verstehen dich nur, wenn du deinen Mund ganz weit aufreißen kannst.« »Dann klopfen wir eben an die Tür«, sagte der Regenwurm. »Aber Regenwürmer können nicht an Türen klopfen«, sagte der andere. »Was denn, wie denn?«, stammelte da der erste Wurm ganz erschrocken: »Irgendwer oder was muss uns jetzt doch weiterhelfen. Gott wird uns doch nicht etwa vergessen haben!« Und während die beiden Würmer langsam und traurig zurückkrabbelten, über die harte von den Menschen plattgetretene Erde, und während es Tropfen für Tropfen zu regnen begann, da hatten sie plötzlich eine groß-

artige Idee: Wenn es jetzt nämlich wirklich einen so großen Regen geben sollte, dann, ja dann würde es auch eine Riesenüberschwemmung geben.
Dann würde hier, wo die Menschen eine Stadt neben die andere gebaut hatten, auch nach vierzig mal vierzig Tagen immer noch alles unter Wasser stehen. Denn wo sollte das Wasser auch hin fließen? Die Erde war ja so hart geworden von den Rädern und Stiefeltritten der Menschen und allem, was sie sich sonst noch so einfallen ließen, dass es bestimmt nicht versickern würde; wenn, ja wenn es nicht zwei fleißige Würmer gäbe.
So begannen sie nun also, Loch an Loch zu bohren und die Erde sanft zu lockern und da wussten sie mit einem Mal auch, warum sie nicht eingeladen worden waren auf die Arche: Da hatte man nämlich nur Nahrung für sieben Monate und dann – musste alles Wasser versickert sein und das wäre es ganz gewiss nicht – ohne die zwei fleißigen Würmer.
Und so ist es dann auch gekommen: Als Noah mit all den Tieren aus der Arche gestiegen war, feierten sie zusammen ein großes Dankfest und die Regenwürmer bekamen die beiden Ehrenplätze, der eine links, der andere rechts, da wo der große Regenbogen die Erde berührte.

Aus: Siegfried Macht: Mit Mirjam tanzen, mit David singen. Ein spielerischer Gang durch das Alte Testament, © Verlag Junge Gemeinde, Leinfelden-Echterdingen 2006, S. 25f. (gekürzt).

Kreative Ideen

Spiel zur Paradiesgeschichte

Nach der Erzählung der Paradiesgeschichte können die Kinder hier auf spielerische Weise die Verantwortung für die Schöpfung erleben, die Gott Adam und Eva übertragen hat; und zugleich an Ihre eigene Verantwortung erinnert werden.

Adam, Adam, wer sind wir?
(Voraussetzungen/Material: Kinder ab 5 Jahren, ausreichende Bewegungsfläche)
Adam sollte allen Tieren einen Namen geben. Wie das ausgesehen hat, kann ich mir so vorstellen:
Ein Spieler ist Adam und steht auf einer Seite des Raumes. Die übrigen Spieler stehen ihm an der anderen Raumseite gegenüber.
Jetzt fragen die Spieler: »Adam, Adam, was für ein Tier sind wir?«
Adam denkt sich ein Tier aus und antwortet zum Beispiel: »Ihr seid Schlangen!«
Dann fragen die Spieler: »Und wie bewegen wir uns?«
Adam erklärt, wie die Spieler sich zu ihm hin bewegen sollen: In diesem Falle schlängeln sich die Spieler flach auf dem Bauch über das Spielfeld. Adam nimmt ebenfalls

die Bewegungshaltung der anderen ein und versucht, Mitspieler zu fangen. Gelingt ihm dies, bleiben diese bei ihm und fangen in der nächsten Runde mit. Der letzte Spieler, der gefangen wird, wird der neue Adam.

Aus: Elke Hartebrodt-Schwier (Hg.): Das große Bibelspielebuch. 350 Gruppenspiele, 2. Aufl., © Aussaat Verlag, Neukirchener Verlagsgesellschaft mbH, Neukirchen-Vluyn 2009.

Spiel/Aktion: Domino-Day im Kindergottesdienst zur Geschichte von Kain und Abel
Mithilfe dieser Spielaktion können die Kinder sehr anschaulich nachvollziehen, wie das Fallen eines Steines alle weiteren Stück um Stück mit umwirft. So ist es auch mit unserem menschlichen Fehlverhalten. Durch Gottes Liebe und den menschlichen Einsatz (Umkehr, kann aus den Bruchstücken wieder etwas Neues, Bergendes entstehen.

Die Kinder stellen hintereinander in ganz engem Abstand Dominosteine im Raum auf (echte kleine Dominospielsteine – oder aus einfachen Holzstücken werden eigene Spielplatten hergestellt). Dann wird der erste Stein umgestoßen und durch den Fall des ersten Steines werden alle weiteren umgeworfen. Nachdem die Kinder dieses »Fallen« beobachtet haben, dürfen sie aus den Dominosteinen gemeinsam, bzw. in kleinen Gruppen etwas bauen, was den Menschen zum Leben hilft (Haus, Landschaft ...).

Aktion »Turmbau zu Babel«
Die Kinder erleben spielerisch, wie reizvoll und wie schwierig es zugleich ist, zusammen einen hohen Turm zu bauen, der dem Himmel ganz nahe kommt. Im anschließenden Gespräch über die Erfahrungen beim Turmbau wird deutlich herausgearbeitet, dass das eigentliche Vergehen der Menschen nicht im Turmbau selbst liegt, sondern in der Absicht, mit dem »Himmelsbau« selbst zum Schöpfergott zu werden.

Die Kinder bekommen die Aufgabe, gemeinsam bzw. in kleinen Gruppen in einer festgelegten Zeit einen möglichst hohen Turm aus vorgegebenem Material (Bausteine, Yengaspielsteine, Dominosteine, Holzteile, Streichholzschachteln, Papierrollen, Schuhschachteln, Bierdeckel ...) zu bauen. Danach werden die »Kunstwerke« von allen begutachtet, Erfahrungen beim Bauen ausgetauscht. Auch hier kann aus den »Bausteinen« im Anschluss gemeinsam eine Stadt/eine Landschaft, in der kleine und große Menschen gut leben können, aufgebaut werden.

Einen Regenbogen bilden
(Voraussetzungen/Material: Kinder ab 6 Jahren, anregungsreiche und ausreichende Spiel- und Bewegungsfläche, Schaumstoffwürfel, evtl. bunte Tücher oder Wäscheklammern in den Farben des Regenbogens)
Der Regenbogen besteht aus vielen Farben. Einzelnen Farben werden für das Spiel eine Würfelaugenzahl zugeordnet, z.B. die Zahl eins entspricht der Farbe Rot, die Zahl Zwei entspricht der Farbe Blau usw. Der Spielleiter beginnt zu würfeln. Die erwürfelte Augenzahl ruft er laut in die spielende Gruppe hinein. Jeder Spieler muss sofort einen Gegenstand in der entsprechenden Farbe auf der Spielfläche anfassen. Wenn der Spiel-

leiter das Wort »Regenbogen« ruft, verbinden sich alle Spieler miteinander über die angefassten Gegenstände im Raum.

Um die Spannung zu erhöhen, scheidet nach jeder Spielrunde der Spieler aus, der als Letzter einen farbigen Gegenstand anfasst. Je weniger Spieler im Spiel sind, umso schwieriger wird es für die anderen sein, sich beim Begriff »Regenbogen« miteinander zu verbinden.
Wenn der Raum bzw. die Bekleidung der Spieler für das Spiel nicht anregungsreich genug ist, erhalten alle Spieler bis zu drei farbige Chiffontücher, die sie an ihrem Körper festbinden.

Aus: Elke Hartebrodt-Schwier (Hg.): Das große Bibelspielebuch. 350 Gruppenspiele, 2. Aufl., © Aussaat Verlag, Neukirchener Verlagsgesellschaft mbH, Neukirchen-Vluyn 2009.

Erntedank feiern
Als Abschluss der thematischen Reihe wird ein Lob- und Erntedankfest gefeiert. Die Aktion mit der Fühlkiste lässt die Kinder die wunderbaren Schöpfungsgaben begreifen, die danach zu einem leckeren Imbiss verarbeitet werden.

Fühl mal! Fühlkiste und Imbiss zu Erntedank
Die Kinder ertasten in einer abdeckten Fühlkiste verschiedene Früchte und Gemüsesorten. Diese **Fühlkiste** wird aus einer großen Pappschachtel (Schuhkarton, Bananenkiste) hergestellt, in die seitlich ein oder mehrere Löcher zum Hineingreifen geschnitten sind. Die Löcher sind von innen durch ein Tuch abgedeckt, so dass man zwar hineingreifen (und Gegenstände herausholen), nicht aber hineinsehen kann. Alternativ kann auch ein Fühlsack (Kopfkissenbezug mit Reißverschluss) verwendet werden. Fühlkiste/sack werden befüllt mit: Apfel, Birne, Banane, Traube, Kürbis, Kartoffel, Karotte, Paprika, Tomate, Zwiebel, Erdnuss, Sellerie ...
Reihum darf jedes Kind in die Fühlkiste oder den Fühlsack greifen und raten, was es ertastet. Wenn die Fühlkiste mehrere Löcher hat, können auch zwei Kinder gleichzeitig hineingreifen und gemeinsam raten. Nach dem Tasten und Raten wird die Frucht herausgeholt und in Augenschein genommen.

Aus: Ute Bögel: Auf die Punkte fertig los! 40 pfiffige Spielideen für Kindergruppen und Kindergottesdienst, 2. Aufl., © Verlag Junge Gemeinde, Leinfelden/Echterdingen 2005, S. 54.

Obstsalat und Gemüsespieße als Imbiss
Damit das Erntedankfest zu einem Fest für alle Sinne wird, wird im Anschluss an die Fühlaktion aus dem Obst ein leckerer Obstsalat gemacht und das Gemüse zu knackigen Gemüsespießen (evtl. kurz im Backofen grillen) aufgespießt.

Stichworte
Weg, Schuld, Vergebung, Neuanfang, Verantwortung, Schutz, Schöpfung, Segen, Fest

Christine Wolf

Josef
Ein Leben mit Höhen und Tiefen

09.10.2011
(16. Sonntag nach Trinitatis)
Josef – geliebt und beneidet
(1 Mose 37,1–36; 39,1–6)

16.10.2011
(17. Sonntag nach Trinitatis)
Josef – gefangen und wertgeschätzt
(1 Mose 39,7–21; 41,1–57)

23.10.2011
(18. Sonntag nach Trinitatis)
Josef – in Höhen und Tiefen von Gott getragen
(1 Mose 42–46 in Auswahl; 50,20)

Josef erlebt das, was die Kinder bereits kennen: Liebe und Hass, Neid und Stolz, Freude und Leid, Angst, Schmerz, Schuld und Versöhnung. Das alles gehört zum Leben dazu. Doch Josef ist nicht allein. Gott trägt und beschützt ihn. Das erfährt Josef immer wieder. Im Kindergottesdienst an den drei Sonntagen sollen die Kinder diese Lebenserfahrungen zuversichtlich bedenken können: Gott begleitet auch unseren Lebensweg. Ein Geschwister-/Freundefest rundet die Einheit ab.

Liturgische Gestaltung

Zusammenkommen – sich Gott zuwenden

Eingangsgebet mit Kehrvers
Kehrvers: »Halte zu mir, guter Gott …«

Aus: Das Kindergesangbuch, München

Guter Gott, wir sind da. Und wir freuen uns, wieder miteinander Kindergottesdienst zu feiern. Vieles haben wir in der vergangenen Woche erlebt: Fröhliches und Trauriges, Gutes und Ärgerliches. Deshalb singen wir heute: »Halte zu mir, guter Gott …«

Guter Gott, manchmal träumen wir von einer besseren Welt, in der alle Menschen zu essen haben, in der es keinen Streit mehr gibt, in der niemand alleine und traurig ist. Deshalb singen wir heute: »Halte zu mir, guter Gott …«

Guter Gott, behüte und beschütze uns auch heute und morgen und immer. Amen.

Sendung – Segen

Gott, Du bist innen	beide Hände liegen auf der Brust
und außen	beide Hände zeigen nach außen
und um mich herum.	mit den Händen und Armen einen weiten Bogen um den Körper beschreiben
Gieße Deinen Segen über mich aus.	Fingerspitzen weisen über dem Kopf aufeinander, langsam absenken
Du sollst bei mir wohnen, ich bin Dein Haus. Amen	Hände und Unterarme bilden vor der Brust ein Dach

Kurzgeschichte

Die Kurzgeschichte führt in die Reihe ein und soll einen Bezug von hier und heute zu damals herstellen, fremde Zeit und fremdes Land näher bringen.

Immer nur der!

Peter, Paul und Alexander sind Brüder. Sie leben mit ihren Eltern auf einem großen Bauernhof am Rande der Stadt. Viele Kühe und Schafe haben sie. Neuerdings gibt es auch einen Pferdestall und Reitunterricht für die Stadtkinder.
Peter und Paul sind Zwillinge und eben die älteren Kinder in der Familie. Sie müssen jeden Tag nach der Schule im Stall und auf den Feldern helfen. Eines Abends hat Peter keine Lust mehr, das Futter für die Kühe in den Stall zu schleppen und in den Trog zu werfen. »Ich möchte auch mal einen Freund einladen und mit ihm spielen. Immer helfen ... helfen ... Ich mag nicht mehr!« Er ist wütend, wirft die Heugabel hin und stampft auf den Boden. Dann rennt er nach draußen.
Paul nickt ihm traurig hinterher. Er versteht ihn. Seine Gedanken wandern zu Alexander. Der Kleine! Der hat's gut! Er geht in den Kindergarten – muss keine Hausaufgaben machen – und darf dann immer Sandburgen bauen und Ritter spielen. Neuerdings darf er auch noch Pony reiten. Und für den Kleinen nimmt sich Mama immer Zeit. Der darf alles und hat immer Spaß!
Zeit vergeht. Inzwischen sitzen sie in der Küche um den Tisch und essen Abendbrot. Das heißt: Sie wollen Abendbrot essen ... Da gibt es richtig Ärger, weil die Kühe im

Stall nicht versorgt wurden. Vati schimpft. Peter und Paul stehen vom Abendessen wortlos auf und gehen in ihr Zimmer. Sie legen sich auf ihre Betten und starren zur Decke. Einschlafen können sie nicht. Das ist alles so ungerecht!
Da kommt Vati und setzt sich mitten im Zimmer auf einen Stuhl. »Was ist los?«, fragt er. Paul sagt: »Der Kleine, der muss nie was machen. Immer nur wir. Der träumt den ganzen Tag von Schlössern und Ritterburgen und von tausend Dienern, die ihm das Essen ans Bett bringen. Toll! Und wir? Wir sollen etwa auch seine Diener sein? Nee – niemals!«
Vati ist sprachlos. Er hält inne. Wie schade, hatte er vielleicht doch von seinen Großen viel zu viel verlangt ...?
Sie besprechen, dass Vati eine andere Lösung für die Tiere im Stall finden muss – und sie zuerst einmal ihre Schulfreunde einladen dürfen.
Und dann planen sie bis spät in die Nacht noch ein Grillfest. Peter und Paul dürfen dazu viele, viele Freunde einladen. »Ja – und Alexander darf auch dabei sein.«

Kreative Ideen

Die **Geschichte** von Josef, dem Liebling des Vaters, mit Symbolen erzählen, die in die Kreismitte auf ein Tuch gelegt werden: Schaf, Kleid, Kamel. Das kann auch für die folgenden Sonntage fortgeführt werden (s. u. Abschlussfest).

Spiel (nach der Idee »Obstkorb«): Die Kinder werden in Ziegen, Schafe, Kamele eingeteilt. Ein Stuhlkreis wird gestellt und alle Tiere setzen sich. Ein Kind steht als Hirte in der Mitte und hütet Tiere. Ruft der Hirte z. B. »Schafe«, müssen alle »Schafe« aufstehen und sich einen anderen Platz suchen. Fängt der Hirte ein »Schaf«, so ist dieses Kind der neue Hirte. Ruft der Hirte »Herde«, dann müssen alle Kinder den Platz wechseln.

Bastelarbeit zu »Von Gott geliebt und deshalb wertgeschätzt«: eine kleine Schatzkiste. Wir benötigen eine kleine Spanschachtel oder eine kleine Schatztruhe aus festem Karton (zu bestellen bei: www. wehrfritz.de). Die Schatztruhe wird bemalt und mit Schmucksteinen beklebt. Zum Abschluss wird ein eigenes Passfoto hineingelegt, oder ein Foto eines Bruders/einer Schwester/eines Freundes. Man kann sich die Schatztruhen auch gegenseitig basteln und dann dem anderen schenken und beim Abschlussfest überreichen. Mit einem freundlichen Brief oder Satz »Schön, dass es dich gibt!« – »Du bist ein Schatz für mich!« kann das Kästchen auch gefüllt werden.

»In Höhen und Tiefen von Gott getragen« – Gott begleitet den Lebensweg. Wir bitten ihn im Gebet um seinen Schutz und danken ihm für alles Leben.
Deshalb bietet sich hier an, zum Thema »Gebet« etwas zu gestalten.
Gebetskette: Wir benötigen Kindergebete (Morgengebete, Tischgebete, Abendgebete – sehr schöne Auswahl in dem Buch von Regine Schindler: Gott, ich kann mit dir reden. Gebete, die uns begleiten, Lahr, 4. Auflage 1991). Die Gebete werden auf Karteikarten (DIN A7) abgeschrieben und evtl. foliert. In die linke obere Ecke ein Loch stanzen. Nun werden die Karten abwechselnd mit Holzperlen (8 mm Durchmesser, ca. 40 Stück) auf einen weißen Gummifaden (1 m lang) aufgefädelt. Vorsicht: Die erste Perle muss gut verknotet werden, damit die Kette nicht wieder aufgeht, die letzte dann auch.

Gebetskissen: Ein »Gute-Nacht-Gebet« wird mit Stofffarbe auf einen weißen Stoff geschrieben. (Größe: 25 cm breit, 27 cm lang, Nahtzugabe inklusive).

Beispiele:

»Herr, Du hast mich heut bewacht, beschütz mich auch in dieser Nacht. Du sorgst für alle, Groß und Klein, drum schlaf ich ohne Sorgen ein. Amen.«	»So ein schöner Tag war heute, lieber Gott, und so viel Freude hast Du wieder mir gemacht. Dankbar sag ich Gute Nacht.« Amen.

Die Stofffarbe wird mit dem Bügeleisen fixiert. Ein bunter Stoff wird rechts auf rechts mit dem weißen Stoff zusammengesteckt. Nun mit der rechten Seite beginnen und diese absteppen, Nadel stehen lassen, Stoff drehen, obere Seite zusteppen, Nadel stehen lassen, drehen, linke Seite runter nähen. Fertig! Die untere Seite bleibt offen. Nun das Kissen wenden und mit Füllwatte ausstopfen. Die untere Naht vorbereiten: den Stoff von Vorder- und Rückseite etwa 1,5–2 cm nach innen einschlagen, dabei die Füllwatte ins Kissen hoch schieben. Mit Nadeln gut zusammenstecken und dann auf der rechten Stoffseite absteppen.

Foto: Beate-Michaela Jöst

Abschlussfest:
Geschwister und Freunde dürfen eingeladen werden.
Die Josefgeschichte wird nochmals mit den Kindern erzählt. Dabei helfen **Symbole,** die in die Kreismitte zur Erinnerung auf ein Tuch gelegt werden:

	Schaf – Hirtenfamilie		Kette – Gefängnis
	buntes Kleid aus Stoff geschnitten – Josefs Kleid		Kuh – Josefs Träume
	Kamel – Händlerkarawane		Säckchen mit Weizenkörnern – Vorratshaltung
	Seidentuch – Potifars Frau		Kerze – Versöhnung mit den Brüdern

Zeichnungen: Urd Rust

Lied »Vom Aufgang der Sonne« mit den Kindern um die Symbole in der Kreismitte herum tanzen, dabei die Hände fassen und in eine Richtung gehen, bei »sei gelobet der Name des Herrn« stehen und klatschen. Bei der Wiederholung des Liedes in die andere Richtung gehen. Das lässt sich auch gut mit kleinen Kindern tanzen.
Als **Mahlzeit** gibt es Muffins, Obst und Tee.
Danach werden die gebastelten **Schatzkästchen** verteilt. Die Kinder stellen sich alle nochmals um die Symbole in der Kreismitte auf. Jeder nimmt sein Kästchen, das er dem anderen schenken will, und überreicht eines nach dem anderen laut mit den Worten: »Schön, dass du da bist. Du, … … … … (Name des Kindes) bist ein Schatz für mich.«
Als Verabschiedung sprechen alle miteinander den **Segen** (s. o.)

Stichworte
Gebet, Geschwister, Neid, Schuld, Versöhnung

Beate-Michaela Jöst

Himmelarm — Himmelreich

30./31.10.2011
(19. Sonntag nach Trinitatis)
Reich an Glauben
Sich einsetzen für Kostbares – voller Vertrauen
(Lukas 7,1–10)

06.11.2011
(Drittletzter Sonntag im Kirchenjahr)
Reich an Liebe
Kostbares verschenken – voller Liebe
(Markus 14,1–9)

13.11.2011
(Vorletzter Sonntag im Kirchenjahr)
Reich an Hoffnung
Kostbares Loslassen – voller Hoffnung
(Lukas 18,28–30)

Menschen können stark, reich oder mächtig sein und trotzdem fehlt es ihnen an Wesentlichem. Menschen können arm, unscheinbar, unbedeutend sein und doch sind sie reich an Vertrauen, Liebe und Hoffnung. Was in unseren Augen wichtig erscheint, ist nicht unbedingt das Kriterium für gelingendes Leben. In diesen Kindergottesdiensten sollen die Kinder inmitten gegenwärtiger Armuts- und Reichtumserfahrungen mit den Augen Gottes sehen lernen und dadurch selbst ein Stück weit »himmelreich« werden:

- Reich an Vertrauen
- Reich an Liebe
- Reich an Hoffnung

Liturgische Gestaltung

Zusammenkommen – sich Gott zuwenden

Votum/Begrüßung (verschiedene Brillen liegen in der Mitte und dürfen ausprobiert werden)
Der Mensch sieht, was vor Augen ist. Gott aber sieht das Herz an. (1 Sam 16,7)

Herzlich willkommen zu unserem Kindergottesdienst.
Lasst uns in diesem Gottesdienst eine andere Brille aufsetzen: Gottes Brille.
Lasst uns mit anderen Augen sehen, mit Augen des Glaubens, mit Augen der Liebe, mit Augen der Hoffnung. Welches ist wohl die richtige Brille dafür?
Lasst uns gemeinsam feiern, was Gott sieht.
Im Namen Gottes des Vaters, des Sohnes und des Heiligen Geistes. Amen

Psalmgebet mit Kyrie (Der/die Betenden setzt/setzen jeweils eine andere Brille auf und legt/legen diese am Ende wieder in die Mitte)

Kehrvers: Schenke mir Deine Sicht, Gott.
Lass mich Deinen Himmel sehen
und Glaube, Liebe, Hoffnung säen.

Gott, da bin ich und
meine Welt ist eine schöne Welt.
Ich staune und freue mich.
Ich feiere Gottesdienst.
Ich will Dich loben und fröhlich sein.
Kehrvers
Gott, meine Welt ist eine wunderbare, eine rätselhafte Welt.
Ich entdecke und lerne jeden Tag Neues,
und doch werde ich nie alles verstehen.
Kehrvers
Gott, meine Welt ist eine dunkle Welt.
Es gibt Kriege und Katastrophen,
Armut und Hunger, Angst und Schmerz.
Kehrvers
Gott, meine Welt ist Deine Welt.
Das Schöne und Wunderbare,
das Rätselhafte und Dunkle.
Alles liegt bei Dir.
Es ist oft so schwer, das zu begreifen.
Ich brauche dein Erbarmen und deine Hilfe:
Herr erbarme Dich. Gott, so hilf mir doch. (EG 178,11)

Zusage:
Der Mensch sieht, was vor Augen ist. Gott aber sieht das Herz an. (1 Sam 16,7)
Gott, ich will Dir vertrauen und bitte Dich:
Schenke mir Deine Sicht.
Lass mich Deinen Himmel sehen.
Und lass mich Glaube, Liebe und Hoffnung säen. Amen.

Sendung – Segen

Fürbittengebet: Die einzelnen Gebetspaare liegen auf farbigem Papier geschrieben unter Teelichten. Die Kinder suchen sich einen Streifen aus, lesen ihr Gedenken und entzünden dann zwei Teelichte. Nach drei Paaren wird die Bitte gesprochen und wir singen gemeinsam: Ein Licht geht uns auf, 1. Strophe. *(Das Kindergesangbuch)*.

Natürlich können bei jüngeren Kindern auch Gedenksätze vor- und nachgesprochen werden. Es können auch ganz andere Gebetspaare gefunden werden.

Gott, wir denken an die Menschenkinder, die in Armut leben und an die, welche genug zum Leben haben.

Wir denken an die Menschenkinder, die kein Zuhause haben und die, welche in einem gemütlichen Heim leben.

Wir denken an die Menschenkinder, die vor Hunger nicht schlafen können und die, welche teilen, was sie haben.

Gott, Menschen sind arm. Menschen sind reich. Wir brauchen Deine Hilfe. – Lied

Gott, wir denken an die Menschenkinder, die Schmerzen haben und krank sind und an die, welche helfen, wo sie nur können.

Wir denken an die Menschenkinder, die ganz verzweifelt sind und nicht aus noch ein wissen und an die, welche trösten und Hoffnung schenken.

Wir denken an die Menschenkinder, die nur unruhig und ungeduldig leben und an die, welche glücklich lachen können.

Gott, Menschen sind arm. Menschen sind reich. Wir brauchen Deine Hilfe. – Lied

Gott, wir denken an die Menschenkinder, die immer streiten müssen und keinen Frieden finden und an die, welche sich für Frieden und Gerechtigkeit einsetzen.

Wir denken an die Menschenkinder, die keine andere Möglichkeit sehen als zu schlagen und zu schreien und an die, welche vergeben und verzeihen können.

Wir denken an die Menschenkinder, die immer Recht haben müssen und an die, welche gute Ideen haben und Freude bereiten können.

Gott, Menschen sind arm. Menschen sind reich. Wir brauchen Deine Hilfe. – Lied

Segen mit Duftöl
Die Salbölschale mit einer Hand halten und mit der anderen ein Kreuzzeichen auf den Handrücken oder auf die Stirn der Kinder salben. Dazu ein Segenswort sprechen.

Der Herr segne dich und behüte dich,
er lasse dein Leben gelingen,
er lasse deine Hoffnung blühen.
er umarme dich, wenn du Angst hast,
er halte dich, wenn du fällst.
Der Herr lasse sein Angesicht leuchten über dir und sei dir gnädig,
er lächle dich an und freue sich an dir.
Wenn etwas schief läuft,

dann lasse er dich wieder aufatmen und mache dich frei von Schuld.
Der Herr erhebe sein Angesicht auf dich und gebe dir Frieden,
er sehe dich, deine Freude, deine Tränen,
er tröste und heile dich. Amen.

Kurzgeschichte

Madita und ihre Schwester Lisabet sind zwei Kinder, die reich und behütet aufwachsen können, im Gegensatz zu Mia und Matti. Für Madita ist das schwer auszuhalten, sie möchte Mia auch glücklich sehen und gibt ihr als Weihnachtsgeschenk eine goldene Kette. »Wer den Armen gibt, dem wird es zehnfach vergolten werden«, diesen Spruch hat sie immer wieder gehört, sie versteht ihn zwar wörtlich, aber dann erfährt sie doch, dass sie anders als ursprünglich gedacht, wirklich reich geworden ist. Diese Geschichte, in der der Madita und Lisabet ein »Seeligkeitsding« bekommen, eignet sich, um ein Gespräch über verschiedene Arten von Reichtum anzuregen. (Quelle: Astrid Lindgren: Madita und Pims, Verlag Friedrich Oetinger, Hamburg 1990, S. 8+361ff.)

Kreative Ideen

Für die ganze Einheit lohnt sich wegen der ganzheitlichen Erfahrung eine eigene **Salbölherstellung.**

Materialien: Mörser, Kochtopf, Herd, Waage, Trichter, Sieb, Küchenutensilien, Plastikdosen	**Zutaten:** Myrrhe, Salbeiblätter (Apotheke), Zimtstangen, Gewürznelken, Olivenöl (Die Menge der Zutaten richtet sich nach der gewünschten Menge des Öls, als Richtwerte gelten 6 g Myrrhe, 3 g Zimtstangen, 3 g Salbeiblätter, 6 g Nelken, 2 Schnapsgläser Olivenöl)  Foto: Urd Rust

Zubereitung: Die Salbeiblätter werden in einem Kochtopf knapp mit Wasser bedeckt und alles zum Kochen gebracht. Sofort nach dem Aufkochen vom Herd nehmen und den Sud ziehen lassen. Nelken und Myrrhe werden im Mörser nacheinander fein zerrieben und zum Salbei-Sud gemischt. Die Zimtstangen zu kleinen Stücken zerkleinern und ebenfalls dazu geben. Das Olivenöl untermischen. Die entstandene Mischung wird wieder auf den Herd gestellt und zum Kochen gebracht. Der Sud wird anschließend in ein Glas gegeben, in dem er sich einige Stunden, idealerweise einige Tage, setzen kann. Nach und nach bilden sich drei Schichten: Unten die festen Zutaten, in der Mitte dunkel gefärbtes Wasser, oben das Öl. Das Öl vorsichtig abgießen.
Der Salbei-Sud kann schon vorher gekocht werden. Das langsame Absetzen des Öls ist nur für besonders klares Öl erforderlich. Öl und Wasser trennen sich grundsätzlich in kurzer Zeit, die festen Zutaten können auch herausgesiebt werden. In der Apotheke sind kleine Plastikdosen erhältlich, in welche das Salböl portionsweise abgefüllt werden kann.

Reich an Glauben: Eine in allen Gottesdiensten wiederkehrende Ausgestaltung der Geschichte mit zwei Hula-Hoop-Reifen als überdimensionale »Brillengläser« macht verbindende und unterscheidende Aspekte deutlich: das Erlernen einer anderen Sichtweise der verschiedenen himmlischen Reichtümer.

Wir haben zwei große Holz- oder Plastikreifen. Ein Reifen ist braun (mit Stoff oder Krepppapier) umwickelt, der andere blau/rot/grün. Sie dienen so als Brille, Fernrohr für den irdischen bzw. himmlischen (Glaube-, Hoffnung-, Liebe-) Blick.
Der römische Hauptmann aus der biblischen Geschichte wird auf Transparentpapier gemalt und in den »irdischen« Reifen gelegt. Was gibt es alles über ihn zu sagen, was wissen, was erkennen wir? (Wir erzählen die Geschichte.)
Jesus hat noch eine andere Sicht: Der Himmelsreifen wird mit blauem Transparentpapier ausgefüllt. Wenn wir den himmlischen Blick einnehmen, was und wie sehen wir dann den Hauptmann? – (Wir tauschen uns mit den Kindern darüber aus)

Wir falten ein »Himmel- oder Hölle-«Spiel. Diesmal nennen wir es »Himmelarm-himmelreich«-Spiel und malen und schmücken es entsprechend dieser Begriffe aus. Wir nehmen Gestalten der biblischen Geschichte und geben je nachdem, ob das Spiel himmelarm oder himmelreich anzeigt, eine entsprechende Begründung ab.
Was für diese gilt, gilt natürlich auch für uns. Je nach dem, welches Ergebnis das Spiel zeigt, lassen wir uns beglückwünschen oder bedauern. Ziel ist es natürlich, möglichst oft »himmelreich« zu sein und auch zu wissen, warum.

Faltanleitung: Himmel und Hölle

- Man nehme ein quadratisches Blatt Papier und falte es einmal an einer Diagonalen. Den Zettel wieder öffnen und einmal an der anderen Diagonalen falten. Wieder öffnen. Nun hat man den Mittelpunkt des Blattes.
- Die vier Ecken des Blattes zur Mitte falten. Das Blatt umdrehen, so dass die offenen Seiten unten sind.
- Nun wieder die Ecken zur Mitte falten und den Zettel wieder umdrehen. Das Ganze einmal zur Hälfte (nicht diagonal!) falten, es wieder loslassen und es zur anderen Hälfte falten.
- Mit dem Finger unter das obere Papier in die Ecken fahren und die vier Seiten wie kleine Hütchen öffnen. Fertig!

Reich an Liebe: Wieder können der irdische und der himmlische Reifen (diesmal mit rotem Transparentpapier ausgelegt) zum Einsatz kommen. Was sehen die Jünger mit der irdischen Sicht in der Frau? Was sieht Jesus mit seinen Augen der Liebe?
Wir falten ein Papierkästchen als Schatzkiste für unsere Himmelsreichtümer, die es wert sind, gesammelt zu werden. Den ersten Schatz geben sich die Kinder noch gegenseitig im Kindergottesdienst mit (z. B. ein freundliches Briefchen) oder sie erhalten ihn von den Mitarbeitenden.

Reich an Hoffnung: Wieder kommen der irdische und der himmlische Reifen (diesmal mit grünem Transparentpapier ausgelegt) zum Einsatz. Wir sammeln mit den Kindern, was wir alles gerne in unserem Leben sehen, was uns wichtig ist, was uns gefällt, was wir brauchen, vielleicht auch, worunter wir leiden. Wir sammeln Gegenstände oder auch Begriffe (werden aufgeschrieben). Wir sammeln in den irdischen Reifen und staunen über die Vielfalt und den Reichtum des Lebens. Nun werden die Kinder gebeten, einzelne Gegenstände/Begriffe vom irdischen Reifen in den himmlischen zu legen, die Begriffe und Gegenstände, die sie als besonders wichtig ansehen, wenn sie quasi die himmlische Brille aufsetzen. Aber was, wenn anschließend etwas weggenommen werden muss, bis nur noch ein (oder drei) Ding/e übrig ist/sind. Was bleibt? – Warum? Sind wir uns einig? Was macht wirklich Himmelsreichtum aus?

Nach dieser gemeinsamen Aktion gestalten sich die Kinder eigene **Pappbrillen.** Die Bügel können mit Himmelsreichtum beschriftet werden. Den Farbton der Brille wählen sich die Kinder selbst: Blau für Glauben, Rot für Liebe, Grün für Hoffnung.

Stichworte

Armut, Himmel, Himmelreich, Hoffnung, Glaube, Reichtum, Vertrauen

Andrea Petritsch

Sondereinheit
Ein neuer Himmel und eine neue Erde

21. November 2011
(Ewigkeitssonntag)
Ein neuer Himmel und eine neue Erde
(Jesaja 65,17–25)

Jesaja hat diesen Text an die heimkehrenden Exilanten des Volkes Israel geschrieben. Nach Jahren der Verbannung kehren sie zurück und finden nichts als Ruinen vor: Der Tempel ist zerstört, die Stadt ist wüst und leer, keine Häuser und nur brach liegende Felder. Die Menschen fragen sich, wie ihr Leben weiter gehen soll, wie ihre Zukunft aussehen wird? – In diese Situation hinein malt Jesaja Bilder der Hoffnung vom neuen Himmel und einer neuen Erde: Gottes Verheißungen für ein erfülltes und heiles Leben! Diese Verheißungen ga(e)ben (auch uns heute) Hoffnung, Mut und Kraft.
Kinder kennen auch negative Bilder von Zerstörung, Unfrieden, Enttäuschung, Vernachlässigung, Verletzung und Tod. Sie wissen, dass diese Erde nicht heil ist; aber sie tragen auch die Sehnsucht nach schönen und wohltuenden Bildern von einer heilen, guten, friedvollen Welt in sich.
Ich möchte sie mit dem Text einladen, gemeinsam von Gottes neuer Welt zu träumen. Sie sollen erfahren, dass jede(r) persönlich hier und auch über den Tod hinaus bei Gott geborgen ist. Bei Gott sind wir zu Hause, in einem Sein, das ganz und gar bedingungslose Liebe ist – ein Leben in Fülle! Wie stellen sie sich diesen Ort vor? Welche Vorstellungen haben sie vom Geheimnis Gottes?
Diese Geschichte wird am Ewigkeitssonntag erzählt: dem Tag, an dem wir an unsere Verstorbenen denken. Heute sollen wir durch Bilder der Hoffnung getröstet werden.

Liturgische Gestaltung

Zusammenkommen – sich Gott zuwenden

Psalm: »Gott, Du verwandelst meine Trauer in Freude.«
(Der Kehrvers wird von allen gesprochen. Den anderen Text kann man in zwei Gruppen abwechselnd lesen.)

Kehrvers: Gott, Du verwandelst meine Trauer in Freude.

Es ist kein Traum:
Wenn ich traurig bin,
dann tröstest Du mich.

Wenn Trauer mich gefangen hält,
machst Du mich wieder froh.

Du hilfst mir und tust mir Gutes.
Du stehst mir bei.
Das sollen alle Menschen wissen.
Allen will ich es erzählen.

Kehrvers

Es ist kein Traum:
Die Trauer wird vergehen.
Die Tränen versiegen.

Ich werde wieder lachen können,
weil Du, Gott, bei mir bist.

So wie die Ernte der Saat folgt,
so werden – die mit Tränen säen –
mit Jubel und Freude ernten.

Kehrvers

Amen.

Aus: »Dir kann ich alles sagen, Gott«, hg. v. Rheinischer Verband für Kindergottesdienst, Wuppertal 2007, S.132.

Hören und Antworten

Loben und Tanzen! Lasst uns miteinander ...
Tanzvorschlag: Christian Pfeiffer, Davos/Schweiz; Text und Melodie: überliefert

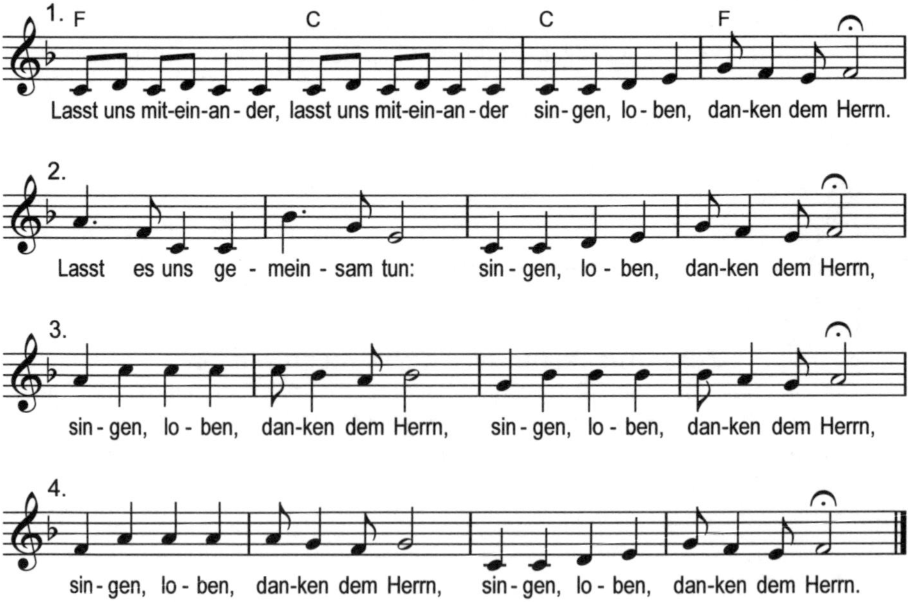

1. Lasst uns miteinander, lasst uns miteinander singen, loben danken dem Herrn.	(paarweise Handfassung) • 4 Schritte zur Kreismitte • 4 Schritte wieder zurück • 4 Schritte zur Kreismitte • 4 Schritte wieder zurück
2. Lasst es uns gemeinsam tun singen, loben, danken dem Herrn.	(paarweise sich gegenüberstehen) In Handfassung mit den Füßen »Hacke – Spitze« tanzen
3. singen, loben, danken dem Herrn, singen, loben, danken dem Herrn.	(paarweise sich gegenüberstehen, mit den Händen klatschen) • sich auf die Oberschenkel • in die eigenen Hände • dem Partner in die Hände • über dem Kopf in die eigenen Hände
4. singen, loben, danken dem Herrn, singen, loben, danken dem Herrn.	(paarweise einhaken, gemeinsam sich in den Kreis drehen) • 8 Schritte rechts herum • 8 Schritte links herum

Sendung – Segen

Jesus spricht: »Ich bin das Licht der Welt. Wer an mich glaubt, der wird nicht verloren gehen, sondern das ewige Leben haben.«

Wie oft entzünden wir die Osterkerze mit diesem Deutewort in den Kindergottesdiensten? Am Ewigkeitssonntag entzünden wir daran Lichter für die Verstorbenen und erinnern uns an das ewige Licht/Leben und daran, dass nach jeder Dunkelheit wieder ein Licht aufscheint, zuletzt das Licht in Gottes neuer Welt. Von Menschen mit Nah-Todeserfahrung wird dieses Phänomen z.B. auch als »Licht am Ende des Tunnels« beschrieben.
Ich schlage eine Fürbitte und ein Segen mit Kerzenritual vor. Die Kinder entzünden an der Osterkerze ein Hoffnungs-Licht für jede/n Verstorbene/n, legen es auf das von ihnen gemalte Bild vom Himmel und setzen somit gleichzeitig auch ein Zeichen für die Geborgenheit in Gottes neuer Welt. Ebenso sollen sie den Segen Gottes als eine spürbare und zärtliche Geste der Zuwendung, als ein »Ich-bin-immer-bei-dir« – Zusage erleben:

Ein/e Mitarbeitende/r geht von Kind zu Kind, entzündet jeweils ein Licht an der Osterkerze und übergibt es mit den Worten: »N. N. (Name des Kindes) du bist nie allein! Zu allen Zeiten bist du in Gottes Hand geborgen! Sein Segen ist mit dir.«
Nehmen Sie sich für das Segensritual und jedes Kind ausreichend Zeit! Die Gruppe singt dazu das nachstehende Lied.

Text: Uwe Huchthausen; Melodie: Negro Spiritual

Kurzgeschichte

Jemand stirbt ...

Jemand stirbt,
und das ist,
wie wenn es ein kurzer Aufenthalt
vor einer neuen Reise wäre?

Jemand stirbt,
und das ist,
wie wenn eine Tür zuschlägt.
Aber wenn es ein Tor wäre,
dahinter andere Landschaften sich auftun?

Jemand stirbt,
das ist,
wie wenn ein Baum zur Erde stürzt.
Aber wenn es ein Samen wäre,
der in einer andern Erde keimt?

Jemand stirbt, das ist,
wie wenn ...
Aber wenn ...

Jemand stirbt, das ist,
wie wenn ...
Aber wenn ...

Jemand stirbt,
und das ist vielleicht,
wie wenn in der Stille plötzlich
eine Orgel einsetzt
und die verstummte kleine Melodie
eines Menschenlebens
mit allen Registern neu spielt ...

Aus: Marchon/Goffin, Ich möchte ganz still sitzen, Mödling/Wien 1988.

Wir lesen mit den Kindern den Text, erläutern ihnen die Metaphern (Sprachbilder) und ergänzen die ›leeren‹ Strophen mit eigenen Sprachbildern. Hier können auch die Bilder des Jesajatextes den Kindern erzählt werden oder aus einer (Kinder)Bibel vorgelesen werden.

Kreative Ideen

Musik zum Träumen/Malen: Neil Diamond, von »Jonathan Livingston Seagull«, z. B. ›Dear Father‹ und ›Lonely looking Sky‹. Auf einen großen (!) Papierbogen mit den Kindern mit Wasserfarben den Himmel malen, so wie sie ihn sich vorstellen.

Stichworte
Träumen, Hoffnung, Gottes Welt, Geborgenheit

Uwe Huchthausen

Maria – bewegt von Gott

27.11.2011
(1. Advent)
Maria – von Gott berührt
(Lukas 1,26–38)

04.12.2011
(2. Advent)
Maria sucht Nähe
(Lukas 1,39–45.56)

11.12.2011
(3. Advent)
Maria lobt Gott
(Lukas 1,46–55)

18.12.2011
(4. Advent)
Maria ist auf dem Weg
nach Bethlehem
(Lukas 2,1–7)

24./25./26.12.2011
Maria bewegt alles
in ihrem Herzen
(Lukas 2,8–20)

Im Lukasevangelium gilt das Wunder der Weihnacht, Gottes Kommen in die Welt als Baby zuerst den Armen, Entrechteten und Unterdrückten. Zu ihnen begibt sich unser Gott. Er ist ein »Gott der kleinen Leute«. Maria steht stellvertretend für diese Randgruppen. Sie geht den Weg mit, erzählt von Gottes Heil, der Umkehr der Verhältnisse. Wir sind in dieser Einheit unterwegs mit Maria zur Krippe, erleben ihren Weg mit den kontrastreichen Erfahrungen von Schatten und Licht, Dornen und Rosen, Zweifel und Glauben.

Liturgische Gestaltung

Zusammen kommen – sich Gott zuwenden

Votum

Eine/-r: Im Namen Gottes, er sprach: »Es werde!«,
im Namen Jesu Christi, er sagte: »Ich bin es«,
im Namen des Heiligen Geistes, die Stimme,
die uns zusammenruft und tröstet.

Alle: Amen

Eine/-r: Unsere Hilfe kommt von Gott,

Alle: der Himmel und Erde gemacht hat.

Eine/-r: Friede sei mit euch.

Alle: Und mit deinem Geist.

Lied: **Magnifikat, Kanon aus Taizé** *(EG West 588)*

Psalm
Übertragung nach Lukas 1,46–56 (für die Größeren): Magnifikat, Marias Lobgesang

Und Maria sprach: Meine Seele erhebt den Herrn,
und mein Geist freut sich über Gott, meinen Retter;
denn er hat die Erniedrigungen seiner Tochter angesehen.

> Siehe, von nun an werden mich alle Generationen bestaunen.
> Denn Gott hat mir großartige Dinge zuteil werden lassen,
> der da mächtig ist und dessen Name heilig ist.
> Und seine Barmherzigkeit bleibt alle Zeit und Ewigkeit
> bei denen, die an ihn glauben.

Er verwirft und zerstreut die, deren Herz aus Stein ist.
Er nimmt den Gewalttätigen die Macht und richtet die Erniedrigten auf.
Die Hungrigen füllt er mit Gütern und lässt die Reichen leer ausgehen.

> Gott erinnert sich seiner Güte und hilft seinem Volk Israel
> und seinen Nachkommen auf,
> wie er es versprochen hat unsern Vorfahren und ihren Kindern in Ewigkeit.

oder (für die Kleineren):

ALLE: **Ich bin von Herzen froh!**
rechte Hand aufs Herz legen, dann beide Arme vor Freude hoch  
Gott hat mich angesehen, klein und am Boden
Hand über die Augen und nach unten blicken 
und ist zu mir nah gekommen
linke Hand über der Brust kreuzen 
und nimmt mich in seine Arme
rechte Hand über der Brust kreuzen 

1. Gruppe Gott macht die Kleinen groß und die Großen klein
wer Gott vertraut, dem wird es gut gehen.

2. Gruppe: Gott bringt in Ordnung, was verkehrt ist:
Reiche werden arm, Arme werden reich sein.

ALLE: **Refrain**

2. Gruppe: Ja, die Mächtigen werden lernen,
wie es ist, ohne Macht zu sein.

1. Gruppe:	Ja, Gott verwandelt Unrecht in Recht. Wer unterdrückt ist, wird befreit.
ALLE:	**Refrain**
2. Gruppe	Wundervoll wird es sein, wer bislang Hunger hatte, der wird satt, die Satten werden leer ausgehen.
1. Gruppe:	Es wird wundervoll sein: Gott vergisst uns nicht, er steht uns bei.
ALLE:	**Refrain**
1. Gruppe:	Gott macht den Verzweifelten Mut und ermutigt die Zweifelnden, an ihn zu glauben.
2. Gruppe:	Versprochen ist versprochen und so soll es bleiben für immer.
ALLE:	**Refrain**

Klage und Lob

Rosen haben Dornen. Rosenblüten stehen für das Schöne, die Dornen für das Schmerzhafte. Wir bringen beides vor Gott. In der Klage benennen wir die »Dornen des Alltags«(eventuell Dornenzweige oder Dornen aus Tonpapier dabei zur Kerze legen) und später in der Fürbitte, das, was »aufspringt«, knospt und blüht.
Beispiel für eine Klage:

Gott, es gibt Situationen, die uns weh tun.
Wir denken an die Opfer von Gewalt und Not.
Wir denken an die Menschen, die anderen Menschen Leid zufügen.
Erbarme Dich.
Gott, es gibt Orte, an denen der Schmerz wohnt.
Wir denken an Kranke und Sterbende.
Wir bitten Dich um Beistand und Hilfe.
Erbarme Dich.
Gott, Du bist denen nahe, um die es dunkel ist,
Wir denken an die Verzweifelten und Hoffnungslosen.
Erbarm Dich, Gott.

Seht auf und erhebt eure Häupter, weil sich eure Erlösung naht. Amen.

Kurzgeschichte

Bernadette war ein junges Mädchen von vierzehn Jahren. Sie lebte vor langer Zeit (in der Mitte des neunzehnten Jahrhunderts) im Süden von Frankreich kurz vor der spanischen Grenze. Fünf kleinere Geschwister hatte sie noch. Sie musste sehr früh vernünftig sein und im Haushalt und bei Vaters Arbeit, er war Müller, mithelfen. Wie du und ich hatte sie natürlich Freundinnen. Mit ihren Freundinnen spielte sie gern, nicht nur daheim, auch im Wald auf dem Feld und im Garten. Ob sie wie wir Spiele hatten wie Seilchenspringen, Verstecken, Fangen, Räuber und Gendarm?
Es wird erzählt, dass Bernadette eines schönen Tages – und es wird ein schöner Tag gewesen sein, denn das Wetter in Südfrankreich ist oft sonnig – eines schönen Tages – so wird überliefert – ist Bernadette mit Freundinnen im nahe gelegenen Wäldchen unterwegs. Sie laufen, hüpfen, spielen, singen und lachen. Eigentlich sind sie unterwegs um Holz zu sammeln.
Plötzlich bleibt Bernadette stumm und staunend vor dem grottenähnlichen Felsvorsprung stehen. So oft sind sie schon hier gewesen, aber heute war etwas anders, etwas Besonderes.
»Bernadette!« ruft Cécile, »Was ist los? Was hast du?«
Keine Antwort. Bernadette staunt in die Luft. Marie fragt: »Hörst du uns? Was ist los? Warum guckst du so komisch und gebannt?« Cécile und Marie gehen zu Bernadette, die mit offenem Mund und weit aufgerissenen Augen in die Natur starrt. Beide sprechen sie an: »Bernadette, sag doch mal, was hast du denn, ist dir nicht gut?« Langsam aber stetig verwandeln sich Bernadettes Gesichtzüge vom Staunen zum seligen Lächeln. »Träumst du?« fragt Marie. Cécile erwidert ohne auf Bernadettes Antwort zu warten: »Offensichtlich – hör mal, die nimmt uns gar nicht wahr. Vielleicht hat sie ein Problem? Meinst du, wir sollten Hilfe holen? Vielleicht hat sie etwas Verdorbenes gegessen. Gleich kippt sie um!«
Doch Bernadette kommt wieder zu Bewusstsein, ihr Zustand normalisiert sich. Es ist, als ob sie erwacht. Sie reibt sich die Augen. »Irre, Wahnsinn. Da, seht doch! Da war sie, da hat sie gestanden und mich angesprochen. Eine wunderschöne Dame. Da schaut doch, da, in der Felsengrotte. Habt ihr sie denn nicht gesehen? Ihre Stimme ist mir noch im Ohr, das werde ich nie vergessen. Sie klang so liebevoll, wie ein Engel!«
»Du spinnst wohl!« Marie schüttelt verständnislos den Kopf. Cécile ist voller Sorge: »Ich glaube, du hast Fieber, geht es dir nicht gut?« »Doch, doch. Mir geht es sehr gut, ich fühl mich gut. Ich habe sie gesehen!« »Wen?« »Ja, sie, die Dame!« »Eine Dame?« »Kanntest du sie?« Die Freundinnen lauschen aufmerksam. Bernadette erzählt von

ihrer Erscheinung. Die Freundinnen fangen langsam an, ihr zu glauben. Bernadette weiß nicht, wie die Dame heißt. Sie erzählt alles, was sie gesehen und gehört hat. Aus Angst vor den anderen, vor denen, die ihnen nicht glauben, schwiegen die Mädchen. Aber »die Dame« erscheint Bernadette noch öfter. Die Sache kommt ans Tageslicht. Man beobachtet Bernadette. Sie geht regelmäßig zur Grotte. Manche Menschen, auch Erwachsene, sind bei ihr, als sie wieder einen Erscheinung hat. Nur Bernadette sieht die Dame. Der Pastor ist auch dabei. Er bittet Bernadette, sie zu fragen wer sie sei. Bernadette fragt die Dame: »Wer seid ihr?« Die Dame antwortet nur für Bernadette hörbar. Bernadette sagt: »Sie hat gesagt, sie sei die Jungfrau Maria!« Einige sehen, dass Bernadette nicht lügt oder spinnt. Sie fangen an zu glauben. Noch einige Male erscheint Maria, nur Bernadette sieht und hört sie. Einmal sagt Maria zu Bernadette: »Hier soll eine Kirche gebaut werden.« Ein anderes Mal spricht sie: »Hier zu meinen Füßen, da musst du graben!«
Das Mädchen buddelt zunächst mit bloßen Händen. Man hilft ihr ... Zu Tage tritt eine Quelle. Das Wasser fließt. Kranke und Schwache kommen und trinken davon, essen von den Kräutern, die um die Quelle herum wachsen. Und? Sie werden gesund. Dieser Ort wird zu einem Ort des Glaubens an Maria, die Mutter Gottes. Viele – auch heute noch – pilgern, laufen, fahren nach Lourdes. Sie wünschen sich auch, der lieben »Dame« zu begegnen, die sie anspricht und heilt.
(Vom 11. Februar 1858 an soll der 14-jährigen Bernadette Soubirous an der Grotte von Massabielle beim Fluss Gave du Pau wiederholt die Muttergottes erschienen sein.)

Nacherzählung der Legende, Kerstin Othmer-Haake

Kreative Ideen

An einem der Sonntage kann Marias Weg anhand des Liedes zum Thema und in der Gestaltung eines **Papierfrieses** anschaulich werden.

Lied: Maria durch ein Dornwald ging (Volksweise, 3 Strophen)

Maria durch ein' Dornwald ging. Kyrieleison!
Maria durch ein' Dornwald ging,
Der hatte in sieben Jahrn kein Laub getragen!
Jesus und Maria.

Was trug Maria unter ihrem Herzen ? Kyrieleison!
Ein kleines Kindlein ohne Schmerzen,

Das trug Maria unter ihrem Herzen!
Jesus und Maria.

Da haben die Dornen Rosen getragen. Kyrieleison!
Als das Kindlein durch den Wald getragen,
Da haben die Dornen Rosen getragen !
Jesus und Maria.

Seidenpapier (grau, braun, rot und grün) wird mit Tapetenkleister auf Architektenpapier aufgeklebt. Das Seidenpapier mit dem Kleister (Achtung: nicht zu viel!) vermischt kann effektvoll zu Blüten zusammen geschoben werden. Es entsteht ein Fries, zunächst gibt es nur einen **Weg** mit Dornen, grau und braun überwiegen, dann entstehen einzelne Knospen und dann viele Rosenblüten. So kann Marias Weg versinnbildlicht anschaulich werden *(siehe Skizze)*.

Zeichnung:
Kerstin Othmer-Haake

Mit Hilfe der **Lutherrose** ist ein gestaltender »roter Faden« durch alle fünf Gottesdienste möglich. Man muss dabei nicht unbedingt die Reihenfolge einhalten, die unten angegeben ist. Vielleicht finden sich neue Bezüge. Die Lutherrose kann mit Material dabei als Bodenbild entstehen. Man nehme: einen Luftballon in Herzform, aufblasen, mit schwarzem Edding ein Kreuz darauf malen, dann aus weißem Krepppapier fünf »Fächer«/Blüten drumherum legen, das Ganze auf blauem Stoff oder Krepppapier, am Schluss einen golden angemalten oder mit Goldfolie umwickelten Hulahupp-Reifen einrahmen. Statt des Reifens kann man auch Halb- bzw. Viertelkreise aus stabiler Goldfolie machen und den Ring dann stückeln.

Was hat Maria mit der (dieser) Lutherrose zu tun? (Diese Frage kann auch den Kindern gestellt werden. Vielleicht haben sie noch ganz andere, weitere Ideen.)

Wenn ich die Lutherrose betrachte, dann fällt mir auf, dass in der Mitte **das schwarze Kreuz** ist. Es steht für unverschuldetes Leiden, natürlich auch für Jesu Tod! Maria hat viel zu leiden. Immerhin wird sie sehr früh und dann noch unverheiratet schwanger. Das ist nicht lustig, es ist mit Ungewissheit verbunden. Schließlich weiß sie nicht, ob Joseph bei ihr bleiben will, ob er zu ihr steht.

Um das schwarze Kreuz ist **ein rotes Herz.** In dem Lied: Maria durch ein Dornwald ging, steht: Sie trug ein Kind unter ihrem Herzen. Maria erwartet ein Baby. Als der Engel ihr das verkündet hat, ist ihr bestimmt das Herz vor Schreck in die Hose gerutscht. Aber sie hat sehr beherzt dann diese Aufgabe »erfüllt«. In der Weihnachtsgeschichte im Lukasevangelium steht, dass sie die Worte, die der Engel zu den Hirten gesagt hatte, in ihrem Herzen bewegte. »Sie bewahrte all das Gehörte in ihrem Herzen und dachte immer wieder drüber nach.« (Lk 2,19) Das Herz steht auch für die Liebe. Maria liebt ihren Sohn und Gott liebt alle Menschen wie seine eigenen Kinder. Aus lauter Liebe zu uns hat er Jesus als seinen Sohn zur Welt geschickt. Schließlich kann er als Mensch gut verstehen, was uns am Herzen liegt, was uns ans Herz gewachsen ist und welche Herzensangelegenheiten wir haben.
Die weiße Rose ist Sinnbild für alles Schöne. Jesus ist wie eine Knospe in Marias Bauch. Er wird von ihr geboren, wird groß, und seine Botschaften und Taten erblühen unter den Menschen. Sie verkünden das Himmelreich auf der Erde: Blinde werden sehen, Lahme gehen, Gefangene werden frei und gebrochene Herzen werden heil. Die Farbe Weiß steht auch für die himmlischen Wesen, die Engel, die uns begleiten. Engel haben auch Maria die Botschaft gebracht und dann über der Geburtstätte »Gloria« gesungen. Die weiße Rose erinnert daran, »dass der Glaube Freude, Trost und Friede gibt«, so sagt es Martin Luther selber, denn diese »Lutherrose« ist als sein Siegel erfunden worden.
Die Farbe Blau steht für den Himmel, Gott kommt vom Himmel auf die Erde, um das Himmelreich uns Menschen zu bringen. Maria wird oft dargestellt mit einem blauen Mantel (und rotem Unterkleid – siehe Herz –, sicher habt ihr so eine Mariendarstellung schon einmal gesehen, oder?), der sie einhüllt. Es gibt sogar Darstellungen, in denen dieser Mantel den Menschen Schutz bietet, sich Menschen zu Maria flüchten und sie diese wie eine Glucke unter ihren Mantel sammelt. Der Mantel hat die Himmelsfarbe, weil Maria das himmlische Kind geboren hat. Sie steht in Verbindung mit dem Himmel. Vom Himmel will auch das Blau in der Lutherrose erzählen.
Der goldene Ring außen herum ist einfach zu deuten. Ein Ring hat keinen Anfang und kein Ende und so ist Gottes Liebe zu den Menschen. Gold ist sehr wertvoll. Das Gold will vom Wert der Botschaft Gottes erzählen. Zugleich erinnert mich die runde Form aus Gold an eine Krone. Maria wird gern auch als Himmelskönigin mit Heiligenschein dargestellt. Schließlich ist Jesus unser König über alle Könige.

Stichworte
Rose, Lutherrose, Advent, Maria, Magnifikat

Kerstin Othmer-Haake

Register

I. Bearbeitete Bibelstellen

II. Lieder

III. Thematische Stichworte

IV. Liturgische Texte / Aktionen